アウトバック　オーストラリア

PAPUA
NEW GUINEA
ヨーク岬半島
グレートバリアリーフ
ケアンズ
ントアイザ
ッカリー
ーターズタワーズ
タウンズビル
マッカイ
QUEENSLAND
グラッドストン
ギンピー
ブリスベン
ゴールドコースト
グラフトン
NEW SOUTH WALES
ーガスタ
ブルーマウンテンズ
スワンシー
シドニー
ーダータウン
キャンベルタウン
キャンベラ
VICTORIA
メルボルン
ウン
ベル
ロード
バス海峡
デヴォンポート
タズマニア島
ローンセストン
ホバート

INDONESIA
アラフラ海
メルヴィル島
ティモール海
ダーウィン
カーペ
アーネムランド
キャサリン
AUSTRALIA
ブルーム
テナントクリーク
NORTHERN TERRITORY
グレートサンディ砂漠
アリススプリングス
シンプソン砂漠
ギブソン砂漠
ウルル
カタジュタ
エルドゥンダ
カルゲラ
シャーク湾
SOUTH AUSTR
WESTERN AUSTRALIA
グレートヴィクトリア砂漠
クーバーピディ
ナラボー平原
パース
グレートオーストラリア湾
ヨーク半島
エスペランス
アデレイド
カンガルー島
ポートラン
キャン
ポート
グレートオー
インド洋

はじめに

数年前の年の暮れ、オーストラリア大陸の北東にあるケアンズに一週間行ったことがある。ちょうど夏、真っ盛り。熱帯にちかい気候で、ツアーで行くグレートバリアリーフでは、美しい珊瑚礁や色あざやかな魚たちを楽しむことができた。

帰ってからしばらくして私は、本当の〝オーストラリア大陸〟を見たくなった。そのころテレビで「道浪漫」という三〇分の旅番組があり、驚かされたからである。いつもは一話で完結するこの番組。オーストラリア大陸をジープで一周するという企画では、二～三年かけて地域パートごとに分けて放送されていた。ケアンズのようなリゾート地ではない、オーストラリアがそこにあった。

そう、この大陸はとてつもなく広く大きいのだ。アウトバックという未開の地。内陸部は幾多もの砂漠があり、何もない所にハイウェイだけが伸びている。グレートバリアリーフやゴールドコーストといった日本人になじみのある保養地もあれば、太古の自然がそのまま残された所もある。

また現地で本を読んでいて、西オーストラリア州の鉱山労働者がこう言っているのを見つけた。

「私は自分がオーストラリアという国に属しているという気持ちはない。自分たちの土地は、自分たちで切り拓き、守っていくさ」

それほどこの大陸は広い。地理の上でも、意識の上でも――

私は、北米大陸を西海岸から東海岸まで、いつか車で走破したいという夢を持っている。飛行機で横断したことは何回かあるが、車で自分の運転でという夢はいまだ叶えられてはいない。

私はその旅番組を観ていてふとアメリカもいいが、オーストラリアを、しかも大都市をまわるだけの旅行ではなく、田舎《いなか》の一筋のハイウェイを行くのも良いのではないか、と考えた。漠然とそう考えたのはいいが現実的に見ると……。

件《くだん》の旅番組ではオーストラリア人のガイドが案内し、頑丈なジープでの旅行である。しかも一周に数年かけている。

――一人でレンタカーを使って、この広大な大陸をまわれるのだろうか。

後で知ったことであるが、オーストラリアの大都市であるシドニーとメルボルンの間でさえ九〇〇㎞以上、へだたる。よほど時間のある人はともかく両都市間を車で移動する人は、稀だという。多くのオーストラリア人は飛行機を利用する。開けた、南東部ですらそうだ。

私はまた、この大陸に行くなら、中央部のウルル（エアーズロック）に車で行ってみたいとも思った。だが当時は結局、夢物語にしかすぎなかった。

やがて教職を早期退職し、フリーになった。時間はたっぷりあった。

退職後一年は、日本とニュージーランドを行き来した。また、立命館大学のゼミナールに通い出した。どちらも私に、新鮮な気分を味わせてくれた。

――そして。

いつか考えていた、オーストラリア大陸と北米大陸がふたたび頭に浮かんできた。

まずは、オーストラリア大陸。

何一つない大地に伸びるハイウェイを何百㎞もドライブしている自分を思い浮かべた。

しかしそれは同時に〝たった一人の旅〟という不安もはらんでいた。当時の私の頭の中は、やり通そうという意欲と、いいようのない恐怖に近い気分がないまぜになっていた。

【アウトバック】奥地。沿岸地方に対する内陸地。特にオーストラリアの内陸地方をさす。

目次

旅のはじまり、
枯れ葉散る季節に

THE BEGINNING

OF THE TRAVEL

二〇〇七年三月、私は三二年間勤めた公立学校を早期退職し、フリーランスの身となった。大学（大阪教育大学）を受験して身体検査で不合格になったことがある。後にメディアに知れ報道されることとなり結果、教授会の決定が覆ることになり合格して、幸いにも大学生活を送ることができた。当時の新聞の切り抜きを今、読み返しても、大変なことだったと思う。

卒業後、教職に就いたが仕事の上では何も問題はなかった。私は右手に障害がある。毎年四月、教壇に立って黒板に左手で文字を書くと、子どもたちは一瞬驚きはしても、以降は何の違和感も示さなかった。

十数年前、英語、英会話を大学以来再び、学びはじめた。

一つには米国で生活している兄の影響、二つ目は、旅行するための道具としての必要性を痛感したからである。

そのころからだろうか。私は教職以外に別の道を歩くこともこれからの人生にとってよいことではないか、と考えはじめていた。

ノースウェスト航空（二〇〇八年、デルタ航空と合併）のワールドパークスの総マイレージが二七万マイルほどあった。

二〇〇八年春。その内の八万マイルを使ってヨーロッパをポルトガルから東欧にかけて、レンタカーでまわろうと考えていた。ところが調べてみると、西側からチェコやハンガリーにレンタカーで入るにはかなりの制約があること、またハーツ（大手のレンタカー会社）でのレンタル料が月三五万円かかることがわかった。これに宿泊代を加えると、相当辛い。

同じハーツでオーストラリアを試算してもらうと月一四万円少しだった。そうだ、オーストラリアだ。


そして五月。私は日本＝オセアニア間往復七万マイルを引き出し、オーストラリア、ニュージーランドに行くことを決めた。

オーストラリアでは、以前北東のケアンズ《CAIRNS》に行きグレートバリアリーフ《GREAT BARRIER REEF》を観光したことがある。今回はそこは避けて〝レンタカーで行けるだけ行ってみよう〟という行き当たりばったりの旅にすることにした。レンタカーを暫定一カ月予約して、実際の旅行が一カ月超になったら延長することにした。ホテルやモーテルは現地に行ってから決めればいい。少々不安もあるが、その方が旅程を柔軟にすることができ（細かく決めず、大体で、という旅のやり方だ）、変更がすぐできるのもいい。アコモデーションが取れないんじゃないかという不安感、スリル感はいつも味わうことになるが……。

そういうわけで、田植えがほぼ終わって風が少し生あたたかくなり、梅雨入りになろうかという六月四日（水）、私はオーストラリアに向け旅立った。大中のリュックサック、三脚は預け、ＥＮＧカメラと小さなリュックを持って飛行機に乗りこんだ。

飛び立つまでの間私は、ハンディで（三脚なしで撮影すること）カメラを肩に担ぐ際、右手ができるだけ意のままに動いてくれるよう念じていた。右手の動きが〝いい絵〟を撮るポイントとなるからだ。しかし動かなかったらすぐに三脚にのせて撮影することも常に頭に入れていた。事件、事故など、とっさの場合には右手の動き如何にかかわらず、撮り続けなければならない。

【ＥＮＧカメラ】（electronic news gathering camera《エレクトロニック ニュース ギャザリング カメラ》）野外で取材、制作をするためのハンディのプロ用カメラ。縦65㎝×横22㎝×高さ25㎝。重さ８・７kg（テープ、バッテリー含む）。

六月五日（木）

朝七時すぎ、嵐のせいで一時間近く遅れてシドニー《SYDNEY》に到着した。おかげで空港から出ても寒かった。

午前九時、空港内のインフォメーションで聞いた近くのホテルへタクシーで向かった。ドライバーに「どこから来た？」と聞かれ「日本だ」と答えると、

「トルコと日本は昔から仲がいい」

と言う。

「あなたはトルコ人ですか？」

と聞くと、

「父が三〇年前、トルコから来た」

そして、

「アイム　ア　ターキッシュ。バット　メイド　イン　オーストラリア」

と言って笑った。私も〝メイド　イン　オーストラリア〟という言い回しがおかしくて笑ってしまった――この旅でこの国の人々とうまくやって行けそうな予感がした。

ホテルの部屋に荷物を置き正午過ぎに空港に戻った。待合室のソファーでレンタカーを借りることができる午後三時まで待つことにした。長旅のせいで猛烈に眠い。肩や首、顔をパタパタ叩いて睡魔とたたかった。

午後三時を過ぎ、ようやくレンタカーを借りることができた。トヨタカローラ。メーターは一万五二八二kmを指していた。期間は三一日間。それより延びる場合は、電話を入れる約束をした。

地図を頼りにホテルへ戻った。車を手に入れた喜びからか、この時眠気はすっかりとんでいた。しばらくしてまた街に出たくなり、夕食を買いにスーパーマーケットを探してあちらこちらを走った。地図を見ながら南へ走っていくと、ロックデールという所にショッピングセンターを見つけ、レンジ用冷凍食品とビール、ワインを買った。この時気づいたのだが、この国ではスーパーマーケットとリカーショップ（ボトルショップともいう）はそれぞれ別の場所にあった。また、アルコール類の購入にはチェックが厳しく、身分証明になるものを見せなければならない（後に行ったアリススプリングス《ALICE SPRINGS》という町では毎回、フォトＩＤ《アイディ》の提示を求められた）。

こうしてオーストラリアでの長い一日目が終わった。

column

【現地語の地図はただで手に入れろ】

後々、レンタカー会社のカウンターでオーストラリア全図の地図を借りておけばよかったと後悔した。シドニー市内の地図は車内にあったが全図はなかったのだ。お陰で私は日本語のガイドブックと、その付録のＡ５版の大きさのオーストラリア全図でこの国をまわる破目になった。

後にＮＲＭＡというのがこの国にはあり、ニュージーランドのＡＡと同じように地図が貰えることを知った。

ＮＲＭＡ（National Roads and Motorists' Association）

この大陸に一六〇近くのオフィスを持つ。州ごと、エリアごとの地図を手に入れることができる。一九二三年創設。ＮＳＷ（ニューサウスウェールズ）から始まり、やがて大陸全土に広がった。会員になれば州ごとのガイドブックも手に入れることができる。

〈サービス〉・路上救援・牽引・部品交換等（これらのサービスは各州のROYAL AUTOMOBILE CLUB でも受けることができる）

〈主な事業〉・保険事業・ハイウェイ改修事業等

ＡＡ（Automobile Association）

日本のＪＡＦのニュージーランド版といったところ。不測の事態（パンク、キーとじ込み、脱輪等）のとき、電話一本でサービスカーが駆けつけるという。ＡＡのオフィスは国内の主要な町にあり全国や各地方の地図を簡単に手に入れることができる。

またＡＡの地図はニュージーランド各地にある i-site《アイサイト》（インフォメーションセンター）にも常備されている。

六月六日（金）

旅のはじまり。車は新しく、メーターはまだ一万五三〇〇km——この旅の終わりには、どれ位の距離を走っているだろうか。

午前九時五〇分にホテルを出発。市内のあちこちを走ったが、まだ疲れも残っておりシドニーでもう一日休養した方がよいと考えた。だがホテルはなかなか見つからない。それではと、オリンピック公園付近に行ってみた。ノヴォテル《NOVOTEL》以外にアコモデーションはない。きっとここは宿泊料は高いだろう。その時ある考えが浮かんだ。近くのコンコルドウェスト駅に車を置き、シティレイル（市内と郊外を結ぶ二階建ての列車）でシティセンター（都心）に向かった。ウィンヤード駅で降りて、旅行エージェンシーへ徒歩でゆく。こんなことも予め行き先を決めてない旅だからこその楽しみであり、不安でもあった。

ハーツレンタカーのカローラ

エージェンシーではホテルは見つからなかったが、コンピュータで検索してあげるので、その間にビジターインフォメーションセンターに行って聞いてみたら？　とすすめられた。そこで歩いて一〇分ほどのインフォメーションセンターへ行った。この日の空きはなかった。が、エージェンシーに戻ってみると、ここから西に五〇～六〇kmのキャンベルタウン《CAMPBELLTOWN》に、フォーミュラーというフランチャイズチェーンの安いホテルがあるということで予約を入れてもらった。それから一駅手前のタウンホールを降りた近くに航空券を扱う店があることを知り、歩いて向かった。なぜなら、オークランド（ニュージーランド）―日本間のeチケットしか持っていなかったので、帰りには、ニュージーランドまでの航空券が必要だったからだ。

シドニーの都心部を午後三時半頃歩いているともう薄暗かった。そう、オーストラリアで六月といえば真冬。マップを見ながら歩いている私にときどき「Can I help you ?」と声をかけてくれる人がいた。

「ツアーランド」というその航空券を扱う店に着いたが、私はいつオークランドに行くのか全く定かではないので（旅はまだ始まったばかりだ）、決まり次第、改めて電話を入れることを約束して店を出た。

エイジェンシーの人も言っていたが午後五時になるとまっ暗になるという。先を急がなければと思いつつ、腹が減ったことに気づく。そういえば今日は何も食べていない。ビルディングを出たところの日風店（和食店）で親子丼を食べる。うまかった。シティレイルでコンコルドウエスト駅に戻り、車でキャンベルタウンに向かった。途中日が暮れ、ハイウェイでは渋滞にあったが午後六時三〇分、目ざすホテルに到着した。

シドニーの人口は約四二九万人という。この都市一つでニュージーランドの国の人口（四二三万人）を超えている。夕方の渋滞は仕方がないのかもしれない。それにしてもこれほど早く日が暮れるとは。午後八時半頃には瞼が重くなる。日記をつけ早々に寝る。

六月七日（土）

午前九時三〇分頃出発。前日地図で見ていたブルーマウンテンズ《BLUE MOUNTAINS》を目ざす。思いのほか遠そうだ。北に三〇キロほど走ってUターンした。ブルーマウンテンズには再びシドニーに戻った時に行くことにして、ハイウェイをキャンベラ《CANBERRA》へと向かった。

およそ二六〇㎞。首都キャンベラの市街には、午後一時前に着いた。枯れ葉が風に吹かれてはらはらと散っていた。冬の昼下がりの風情だ。

ビジターインフォメーションセンターでホテルかモーテルをさがす。昨日のホテルは八五ドル（註オーストラリア・ドル）だったので甘く考えていたが、掲示板の中に百ドル以下のものはない。おまけに今日は土曜日だった。当然混み合っていた。列に並んで待つと、ようやく順番がまわってきた。聞くと、一四五ドル以下はないと受け付けの女性は言う。それでも三軒ほどあたってくれ、一二五ドルのホテルを見つけてくれた。行き当たりばったりの旅をしているとたまにこういうラッキーに巡り合う。その女性はホテルリストを示してホテルへの行き方を早口で説明する。

「ちょっと待って。メモに書いてください」

「わかったわ。このアベニューを○○まで上がって、ラウンドアバウトの出口を左にターンして……。とても簡単よ。一五分か、二〇分くらいね」

私はメモを見て呆然とした。私は今日はじめてこの街に来た。そしてはじめてこの街を走るのである。ガイドブックの地図を見るとビジターインフォメーションセンターからは、シティヒルそして、湖を渡って国会議事堂の下の半地下の計二つの大きなラウンドアバウトがある。国会議事堂（キャピタルヒル）の下のラウンドアバウトをうまく過ぎても、アデレイドアベニューへの出口が日本のガイドブックの地図ではとても分かりづらい。

半ば悲愴な覚悟を決めて私は走りだした。二つ目のラウンドアバウト（トンネルのようだった）を通りそれらしい方向の出口を「ええい」と山勘で出た。すると彼女がメモしてくれたアデレイドアベニューの表示があるではないか。

——よかった。やってみるもんだ。

それから二、三人の人に道を聞いて、やっと今夜泊まるステーツマンホテルに着くことができた。この国に来て一番落ちついた静かなホテルだった。少し高いが、休養のため二泊して、キャンベラを見て回ろうと思う。

【ラウンドアバウト】円形の交差点。信号がなく、車をスムーズに流す働きをもつ。右側優先。右から走る車をやり過ごしてから進入する。

キャンベラのキャピタルヒルの半地下のラウンドアバウトは、直径四〇〇m近くある大きいものだ。

六月八日（日）

朝、ホテルの周りを散歩。その後、展望台があるブラックマウンテンの頂上へ行った。日曜日で、山道を走っていると多くのクラシックカーに出くわした。どうやらカーマニアのクラブらしい。頂上の駐車スペースではオープンカーをはじめ様々なクラシックカーが並んで止められてあった。彼らはドライブと、自分がこんなクラシックカーを持っているんだという自慢をお互いにし合い、また同好の親睦をかねてこのようなデモンストレーションをしているのだろう。

景色がよくてバーリーグリフィン湖をはさんでシティヒル、キャプテンクック記念噴水、国会議事堂などをＥＮＧカメラで撮影した。

その後は明日のメルボルンまでの行程がかなり長いのでホテルに戻り休養する。

ＴＶニュースでは、ケビン・ラッド首相が日本を訪問した後、インドネシアに向かう様子が流れている。日本に関するニュースを取りあげる時、必ずといっていいほど調査捕鯨のＶＴＲが流れるのは反捕鯨の急先鋒の国であるためだろうか。

メルボルン〜
タズマニア

TASMANIA

タズマニア

六月九日（月）

この日は祝日（クイーンズバースデイ）。

午前四時を過ぎるとテレビのあるチャンネルが外国のニュースを流している。よく見ていて気づいたが、午前五時には日本のＮＨＫニュースをそのまま三〇分流している。前日の午後七時のニュースだ。今朝のニュースを見て驚いた。昨日、東京の秋葉原で連続通り魔事件があり、かなりの死傷者が出たらしい。痛ましい限りだ。

キャンベラを午前八時に発った。街の出口の道路標識には『メルボルン《MELBOURNE》六四七㎞』とあった。いくつかのインターチェンジを過ぎハイウェイを走った。途中まで晴れていてきれいな飛行機雲が出ていた――と思ったら雨になったりした。

午前一一時五六分、アルバリー《ALBARY》まで八〇㎞。疲れたので公園のベンチで体をほぐす。ホルブローク《HOLBROOK》という町らしい。

再び走り出し町はずれで標識を見るとメルボルンまで三七三㎞。アルバリー泊も考えていたが、この分ではメルボルンまで行けそうだ。

午後三時三〇分。メルボルンの郊外まで来て燃料ランプが点灯していることに気づく。

――いつから点いていたのだろうか。

あわててハイウェイをおりて、ガソリンを補給。昨日キャンベラでは一リットル一・六三九ドルだったのが、ここでは一・五三七ドル――安い。これで五〇リットル以上入れると五ドル以上の差になる。

日本と同様、この国でもガソリン高騰のニュースを毎日テレビで見るが、(特に私の旅行中の二〇〇八年前半)ペトロールステーションによって価格のばらつきは大きい(後に行った所――ノーザンテリトリー《NORTHERN TERRITORY》の砂漠の町では一リットル二・〇二ドルだった)。

ガソリンを入れてハイウェイに戻る途中、車中で大きな警告音が鳴る。止まってよくパネルボードを見るとパッセンジャーシートベルトの赤ランプが点滅している。

――おかしい。誰も助手席に乗っていないのに……。試しに助手席のシートベルトを装着状態にすると、警告音が止まりランプも消えた。七〇〇㎞近くをほとんど休みなく走ってきて車も悲鳴を上げたのか。

午後四時三〇分。やっとメルボルンに到着することができた。これだけの距離を走ってこれたのも、メルボルン近郊まではハイウェイがほとんど空いていて、制限速度である時速一一〇㎞をずっとキープして走れたからだと思う。

市街に入ってすぐのモーテルに宿泊した。夜、タズマニア《TASMANIA》に行くフェリー桟橋への道を聞こうとオフィスへ行き、

「地図はありませんか？」

と問うと、

「地図はない。このモーテルの前の道を西に行って二つ目の大きな交差点を左折する。そしてひたすらまっすぐ行く。途中シティの高架を通るが気にすることはない。しばらく行くとフェリーの標識がたくさん出てくる」

と言われた。私はこの時、たとえ日本のガイドブックの地図であっても見せて確認すべきであった。なぜなら次の日、フェリー桟橋を見つけることはできず、メルボルンの街中《まちなか》を右往左往した挙げ句、フィリップ島に行ってしまったのだ……。

六月一〇日（火）

昨日教えられたルートを注意深く走った。言われた通り高架を超え、かなり走っても港や栈橋はおろか道路標識も見あたらない。だんだん不安になってくる。行きつ戻りつ探したが、フェリー乗り場のサインは見つからない。駐車場があり、そこから出てくる人に聞く――フェリー栈橋はフィリップ島にあるという。そこへの行き方も親切に教えてくれた。

私はスパゲッティ状になったメルボルン市街のハイウェイをひたすらフィリップ島を目ざした。途中事故渋滞もあり、フィリップ島に着いたのは午後四時半ごろだった。そして……インフォメーションセンターを見つけ、タズマニア島への栈橋の場所をきくと、それはなんとメルボルンの街中だという。この島にもフェリー乗り場があるが、それはフレンチ島や対岸（ヘイスティングス）に行くためのものだった。駐車場近くにいた人はそのフェリーを教えてくれたのだった。

メルボルン市街にもどる私は体中に疲れを感じていた。きっと私の尋ね方が悪かったのだと思う。だがそもそも、こういう場合はペトロールステーションで道をたずねるべきだった（翌日も栈橋への道に迷ったが、ペトロールステーションで道を聞き、到着することができた）。

取って返すこと一四〇㎞あまり。メルボルンの街はすっかり夜の帳《とばり》がおりていた。港の方へ向かうと本当に偶然にフェリー乗り場の標識を見つけた。辿って行くとフェリーの停泊している桟橋があった。

午後六時半。桟橋にいた作業衣の女性に急かされてチケットオフィスに走ったが、午後七時発のその日のフェリーは満杯で乗ることはできなかった。私はくじけることなく明日一一日の便を予約した。片道三八〇ドル。やっと道が開けた思いだった。

その後はホテル探し。午後八時前にようやく見つけることができた。長い、長い、一日だった。

六月一一日（水）

メルボルンの街を午後三時近くまでドライブした後、桟橋近くの公園で出発を待った。公園の植え込みの中でフラフープをたくさん持ったダンサーと思われる女性が様々なポーズをとり、それを女性フォトグラファーがカメラに収めていたのを眺めていた。風も強いが日差しも強かった。かといって、しばらくベンチに座っていると寒さを感じる。これから行くタズマニア島はフェリーで一一時間ほど南に位置しているからきっと寒いだろう。何せ今は冬だ。

午後五時一五分、売店で食料と水を買ってフェリー桟橋の車列に従い車をつける。順番が来て係員にボンネットとトランクルームを開けるように指示される。レンタカー故《ゆえ》にボンネットの開け方を知らない――情けない。係員が開けチェックする。

その後ボーディングブースで免許証を見せ、フェリー横の栈橋の車列につけた。船腹に〝スピリット　オブ　タズマニア（タズマニアの魂）〟の文字が大きい。縦に五つの車列の二列目。じっとして三〇～四〇分が過ぎる。午後六時一二分。走行距離はちょうど一万七〇〇〇㎞を示している。

――このままの状態でいつまで待つのだろう。

午後六時四〇分。この栈橋に来て一時間以上たった時、一番左側（5列目）の車が動き始めた。これには不公平がある。係員は一番右のレーンから車を並べだしたからである。そして「5」の次は、私の隣の「3」レーン、「1」レーン……と車は〝タズマニアの魂〟の中に飲み込まれていく。一番最後に私の並ぶ「2」レーンだった。こういうことなら、並んだのが早いか遅いかではなく、並んだレーンが幸運かどうかだけである。私は帰りは出航ぎりぎりの午後六時二〇分頃に並ぼうと思った。

車が駐車したのはフェリーの三階だった。私は自分の客室である〝八〇二八〟を目ざして八階へ上った。客室はシャワーとトイレ付きでシングルベッドが二つ。これで行きはゆっく

『スピリト オブ タズマニア』の客室

りできそうである。帰りの便は安いベンチシートでもいいと思った。
　午後七時四七分頃、汽笛が鳴っていよいよ出航か。船は桟橋からゆっくり離れだした。八階の船窓から見えるメルボルンの夜景、特にライトアップされたウェストゲートブリッジが美しかった。缶ビールを飲んでうとうとした。

　六月一二日（木）
　朝七時、タズマニア島のデヴォンポート《DEVONPORT》に着く。雨模様だ。車が桟橋に降りると全てのドア、トランクルームを開けるよう命じられる。今度は麻薬犬がゆっくり荷物のにおいを探っていく。かなり厳しいチェックだ。新聞を配っている人にフェリーのオフィスの場所を教えてもらい、一四日の帰りの便をブッキングすることにした。もう少し長くこの島に居ようかと思ったが、私が思い描く全行程を考えればあまり長居もできまい。安いベンチシートの席はなかった。三六〇ドル。まあ仕方ない。

日本の英会話学校の講師が〝美しい〟とすすめてくれたタズマニアだったがあいにくの雨だった。デヴォンポートからローンセストン《LAUNCESTON》に向かうハイウェイを走行中、急に雨足は強くなりやがて滝の流れのように激しくなり、フロントガラスごしの視界も急激に悪くなった。時速百㎞で走っていたが、水に流されるような危険を感じて減速した。追突される怖さから路肩へ逃げた。それでも追突の可能性があり、様子をみてUターンして五〇mほど戻ったレストエリアに入った。後続車もかなりスピードを出していたので、あのまま走り続けていたら危なかった。いやな汗をかいたような気分だった。雨が小降りになるまで三〇分ほど待った。ハイウェイを再び走って行くと雨が一時止んだ。しかし、ローンセストンの町に入るころにはまた本降りになっていた。

ビジターインフォメーションセンターでモーテルの場所を教えてもらい、午前一〇時過ぎにモーテルの部屋に入った。大きな公園を前にした急な坂の中腹にあるモーテルだった。

それからはずっと本降りのまま。テレビの天気予報で見ると、タズマニア島の上にすっぽりと厚い雲がかぶさっている。シドニーやメルボルン方面はきれいに晴れ上がっているようだ。

——今日は仕方がない。

夕食に出かけるだけにして、この部屋にいようと思った。バスタブがあったので久しぶりに湯につかる。この国に来てシャワーばかりだったから久しぶりにほっとした。まだ午後〇時一四分。せっかくなので、昼から洗濯をした。夕方、スーパーマーケットへ行ったがまだ激しい雨だった。明日、晴れてくれと思う。

急な坂の中腹にあるモーテルと駐車場

六月一三日（金）

午前七時、テレビをつけてみると画面に映るシドニーの街はすっかり明るいのに、タズマニアのモーテルの窓から見る景色はまだ夜である。同じ七時でも随分差があると感じる。つまりタズマニアはシドニーより経度でずっと西にあるのだ。したがって日の出も遅い。

午前八時半、すっかり明るくなった中、出発する。昨日は気づかなかったが、駐車場自体がかなりの坂になっている。車は大きく前後に、左右にも傾いていて、切り返そうとするとひっくり返りそうな恐怖を覚える。ここに住んでいる人はすごいと思う。

昨日と打って変わって空は見事に晴れ上がった。先《ま》ずカタラクト渓谷に行ったが靄《もや》がかかっていた。ローンセストンの丘の上から町を見ると、ここも盆地のせいか霞《かすみ》というか、靄がかかっていて美しかった。

ホバート《HOBART》まで一九〇㎞。今日は十三日の金曜日というわけでもないが安全運転を心がける（昨日のような恐い目には二度とあいたくない）。

かなり走ってケンプトン《KEMPTON》という村への道の入口でＥＮＧカメラで撮影していると雨が降ってきた。しかし、そこから少しだけ走って峠を越えるともう晴れている。変わりやすい天気だ。

オーストラリア大陸の南にある島で、さらに南の方に向かって走るとやはり寒さが増してくる。テレビでは予想気温は10℃だったが体感では4～5℃だ。ホバートの街の手前で雨と晴れの境目になり、きれいな虹が出ていた。

ホバートではメルキュールホテル《Mercure Hotel》を探した。ガイドブックに九五ドルとあったからだ。ビジターインフォメーションセンターの近くで住人に聞いてみたが知らないという。実は、こちらの人は〝Mercure〟を〝マキュウ〟と発音するようだ。日本のガイドブックを当てにしすぎるのは良くない。坂道の多いホバートの町の中心部をしばらく走ってみたが、一方通行の道がほとんどで、行けども行けどもメルキュールというホテルは見つからない。再びウォーターフロント近くの公園にでた。近くにいた三〇～四〇歳代の女性にホテルへ行く道を聞いてみた。

「ちょっと待ってて。口で説明するのは難しいから、メモしてあげるわよ」

彼女はバックからメモ用紙代わりの封筒を取り出すと、ゆっくりと思い出しながら地図を書き始めた。

「最初の通りに左折して入ったら、次の信号ですぐ右折。この通りは三つのレーンがあるから車が少ない時のほうが安全よ。信号を右折したらクロスする通りが四つあるからその四番目の通りを左折するとホテルがあるわよ」

　彼女は思い出しながらそう説明すると、通りの名前も書き入れた封筒の地図を手渡してくれた。

　とても嬉しかった。私のような旅をしている途中、困っている時にこんなに細やかに教えてくれる人に出会えることは、大げさにいえば地獄で仏に出会うようなものだ。メモもとてもありがたかった。キャンベラでもそうだったがメモがこの後、旅していく上で有効であることを何度も思い知らされた。私は彼女に何度も何度もお礼を言うと、ホテルに向かった。

　車が途切れたのを見はからって、最初の通りを左折して、次の信号を右折すると、Macquarie st.《マックオーリーストリート》、Colins st.《コリンズストリート》、Liverpool st.《リバプールストリート》とメモで確認しながら坂を上り、四番目のBathurst st.《バザーストストリート》を左折す

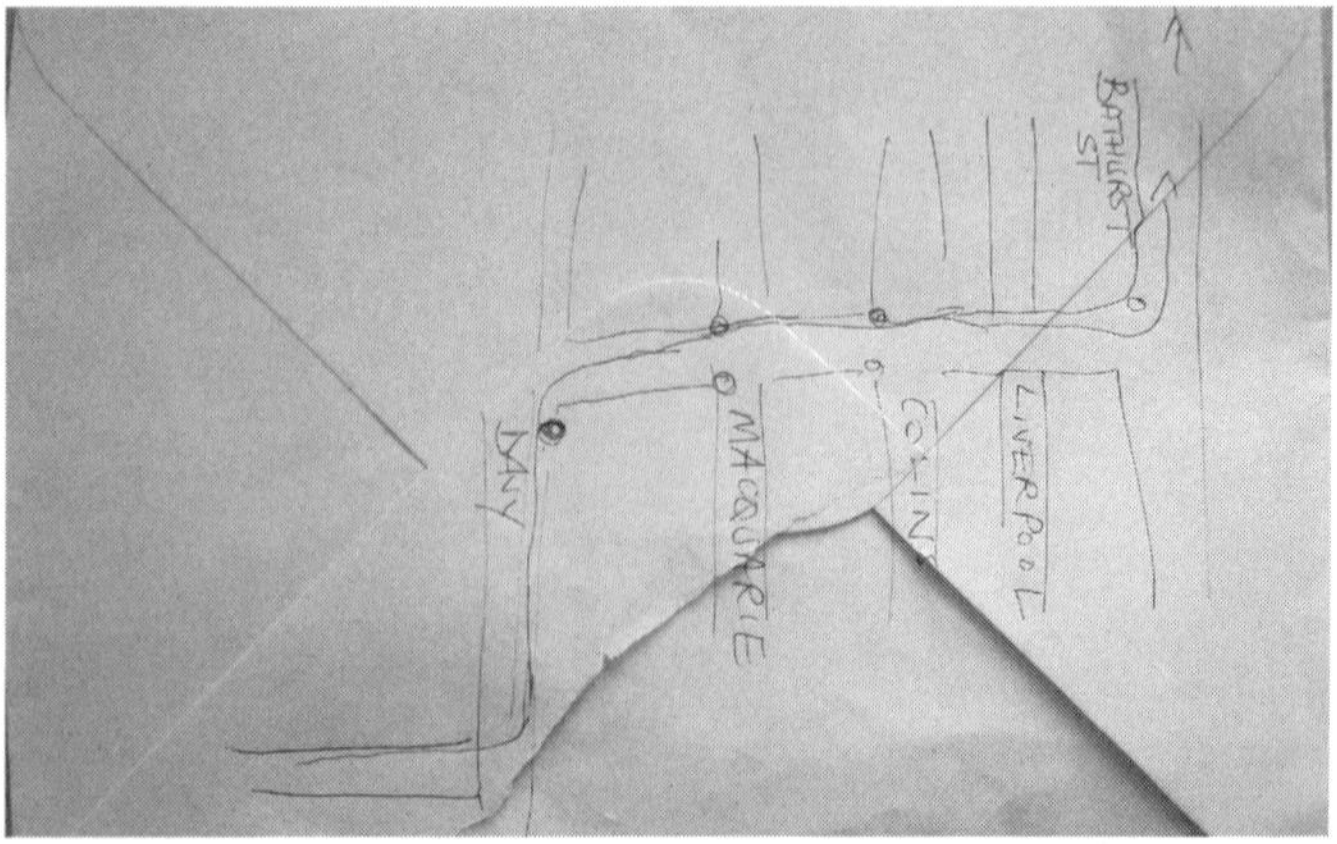

封筒に書いてもらったメルキュールホテルへの道

るとすぐホテルに出くわした。今日は本当に良い人に出会えたと思った。

チェックインすると一泊九〇ドルだった。シャワーを浴びた後、フロントで地図をもらい町の中心部の方へ歩いていった。

リバプールストリートで〝ＳＵＳＨＩ〟と看板があったので入って巻きずしを買った。東洋系の女性が店員だった。リカーショップの場所を教えてもらい店を出た。看板をもう一度見ると〝ＳＵＳＨＩ〟の右下に小さく〝ＴＡＫＡＧＩ〟と書いてあった。英語で話をしたあの女性は、もしからしたら日本人だったのかもしれない。もしそうだったとしたら……オーストラリア大陸の南端の島の最南部のこの町でも、日本人が活躍していることにある種の感動を覚えた。

金曜日の夕方四時半、町の中心部はにぎわっていた。ＡＴＭでお金を引き出し町をぶらぶら歩いた後、ホテルに帰った。陽がかげってくると最南の島の冬らしくやはり寒かった。

町にあったすし屋さんはテイクアウェイの店だったのであまり話をしなかったが、もし日本の人ならもっと話せばよかった。ホテルに戻って巻きずしをほおばった。久しぶりに〝日本の味〟に会ったような気がした。

六月一四日（土）

午前九時半ごろホバートの対岸のヨットハーバーをＥＮＧカメラで撮影していたら、アジア系の男の人が話しかけてきた。

「ここの公園に大きな商業施設やビルディングが建つことに私たちは反対している。反対の署名をしてくれ」

「なぜ反対を?」

「静かな景観がこわれるから」

「でも僕は旅人だよ」

「どこから来た?」

「日本から」

「かまわない。日本の住所でいい。署名してくれ」

私は署名した。ここタズマニア島でも静かな環境を守ることは大変そうだ。

不覚だった。ホバートから少し北へ行ったビリッジウォーターのジャンクションでは、左に道をとるべきだった。左に行けばグレートレイクやナショナルパークを通ることができて、フェリーに乗るデヴォンポートに着くはずだった。私はそこを見過ごしてしまったのだ。気づいたのはかなり時間が経ってからだった。

――仕方ない。再びタズマニアを訪れるときの楽しみにとっておこう。

と思った。その際はこんなきついドライブではなくボバートまで飛行機で行こうと思う。

ローンセストン近くのバイパスからデヴォンポートにむかった。途中、二日前に豪雨で恐怖を感じ逃げ込んだレストエリアに立ち寄った。きれいに晴れていてあの時のことがうそのようだった。

デヴォンポートではスーパーマーケットで買い物をしたあと、マクドナルドで時間をつぶした。店員は中学生のようだった。チーズバーガーのコンボとコーヒーを頼んだのだけれど、おつりの計算やコーヒーの入れ方が危なっかしい。彼は何をするにも隣のお兄さんに聞いている。だがトレイに配膳した後、ほっとした表情で「エンジョイ!」とこちらに笑いかけたのには、思わず笑ってしまった。

ニュージーランドが全国一斉なのに対してオーストラリアのスクールホリデイは州ごとに少しずつ違っている。後でモーテルのガイドブックを見てみると、タズマニア州のスクールホリデイは五月三一日から六月一五日の二週間あまりだった。彼はきっとこのスクールホリデイの間、慣れない手つきでマクドナルドでアルバイトしていたのだろう。夜、出航を待つ帰りのフェリーの窓からまっ暗な中にライトアップされたマクドナルドの看板が見えた。彼の「エンジョイ!」という言葉が甦《よみがえ》ってきて、笑いが込み上げてきた。

帰りのフェリーは動き出した。三日間のタズマニア。走行距離は約七〇〇㎞。四日あればきっとグレートレイクやナショナルパークもゆっくり見ることができたであろう。残念。またの楽しみに。

船室に入ってしばらくしたら眠ってしまった。

column

【タズマニア】

島の総面積六万七八〇〇㎢。オーストラリア最小の州。一六四二年、オランダ人タズマンが発見した。古くから数多くのアボリジニの部族がいて、一九世紀初めには二五〇〇〜七〇〇〇人がこの島に住んでいたという。

一八〜一九世紀初め白人の入植後、虐殺されたり、病気が原因で人口が一気に減少した。現在、タズマニアン・アボリジニはいない。この傾向はオーストラリア大陸全体にも言えることで、一九〜二〇世紀にアボリジニの人口は急減した。

虐殺や、コレラ、天然痘など西洋からもたらされた病気により六万人まで激減したこともあるという（現在、アボリジニの人口は約四〇万人）。

運命の岐路

THE GREAT OCEAN ROAD

ADELAIDE

六月一五日（日）

朝四時三〇分、目が覚める。船窓から外を覗くと、家々の明かりや、車が走っているのだろう光の玉が横に動いているのが見える。しばらくしてフェリーが止まる。接岸したようだ。三階までおりて車のところへ行く。昨夜停車した場所はとても急な傾斜にあった。だが今日は平面に変わっていて安心した。教習所に通っていた頃からどちらかというと坂道発進が苦手だった。昨夜自分たちの車が入ったあと階下にも車を入れたに違いない。だから平面になっているのだろうと思った。メルボルン上陸の際にはタズマニア上陸のときのように麻薬犬がくることもなく、フリーパスだった。

フェリーを降りて午前八時過ぎ、朝日の中をウエストゲートブリッジのハイウェイを走った。靄と朝日の輝きで幻想的な橋を渡っているようだった。

ジーロング《GEELONG》でハイウェイを降り、ハングリージャックスで朝食をとった。このハングリージャックスはオーストラリア以外ではきっとバーガーキングというファーストフード店だろう。店のつくりはバーガーキングと全く同じで名前だけが違うようだった。朝食の後、日本の友人にメールを送った。久しぶりにのんびりした気分になった。

ジーロンクからトーキー《TORQUAY》。トーキーからは海岸線の、その名もグレートオーシャンロード《THE GREAT OCEAN ROAD》を走る。

トーキーの町にはサーフボードなどを置いている店が多く、リゾート地の感がある。

アポロベイ《APOLLO BAY》からポートキャンベル《PORT CAMPBELL》。海岸は波浪が高いが美しい。波で浸食されて奇岩が多い。この日と次の日は、グレートオーシャンロードをENGカメラで撮影したり、デジタルカメラで写真を撮った（後にニュージーランドでこの地の写真集を見つけたが、空撮が素晴らしかった。いつの日にか、自分も空から撮影したいものだと思った）。

この道を走っているとボディが赤土にまみれている車が多いことに気づく。しばらく走って自分のレンタカーを見るとやはり赤土が付着し始めていた。この赤土による汚れは内陸部の砂漠でも同様だった。

またこのグレートオーシャンロードでは、【キープレフト（KEEP LEFT）。オーストラリアでは左レーンをドライブすること。右レーン走行禁止】という道路標識を何回も目にした。アメリカやヨーロッパ大陸のツーリストで誤って右レーンを走る人が多いのではないか、と想像した。途中、三〇kmほどずっと森の中の道もあったが走りやすい道だった。ポートキャンベルまで来て、アコモデーションは高そうだと思った。一号ハイウェイの方に北上して、キャンパーダウン《CAMPERDOWN》まで行って泊まることにした。

グレートオーシャンロードから見た海岸線

六月一六日（月）

キャンパーダウンの町中《まちなか》にあるモーテルは一号のプリンセスハイウェイ《PRINCES HWY》に芝生をはさんで一〇m位で面している。夜中の三〇～四〇分間、一台も車が通らないこともあるが、大型車が続いて通過するとかなり音が大きく、午前四時には目が覚めてしまった。

午前八時過ぎ、チェックアウトのためレセプションに行くとホストの女性が、「昨日の夜は寒かったわね」と言ってきた。寒かったのは自分だけではなかったと知って少し安堵した。車のフロントガラス、ボンネットや屋根の上には氷が張っていた。オーストラリアに来てこんなことは初めて。タズマニアでもなかった。早速熱い湯をポットで沸かして車にかけた。その後、日なたに車を五分ほど置いた。

昨日から目をつけていた町の中心のクロックタワー（時計塔）のところへ行った。百数十年の歴史があるという。ＥＮＧカメラで撮影しようとすると、レンズもファインダーも一瞬のうちに曇ってしまった。かなりの冷え込みである。朝日にしばらくあてあたためて、撮影することができた。
キャンパーダウンの町を出て五分ほど走った峠から見ると、下の牧場や谷は雲海に覆われていた。また下から霧がどんどんふきあがってきているようにも見えた。

峠を越えて車は雲海の中に突っ込んでいった。しばらくしてフォグランプを点灯したが、数分走っていくと雲海は一瞬のうちに消えてしまった。

ポートキャンベルに戻ってきた。海辺の近くの遊具のある公園でお母さんが一～二歳くらいの男の子を遊ばせていた。ベンチで原稿を書く私も、お母さんもサングラスをしていた。それほど眩しい日差しに変わっていた。日が昇ってくるほど暑さを感じた。午前一〇時すぎのどこにでもある光景だと思った。

よくオーストラリアでは一年のうちに四季があるのではなく、一日の中に四季があるという。まさにその通りだとその時実感した。

ポートキャンベルから西のピーターバラ《PETERBOROUGH》という町に来た。町の入口にペトロールステーションとトイレのサインの看板があった。そろそろガソリンを入れなければと思って町の中に入っていった。ところがこの町には食品を置いていると思われる商店が一軒あるだけで、他はすべて住宅ばかり。私はこの小さな町を何回もグルグル回ったが、町の外れにゴルフ場があるだけ。ペトロールステーションを探したがどこにも見あたらない。〝おかしいな〟と思って商店の通りをはさんだ歩道を工事している人に聞いた。若いその人は商店を指さして「ペトロールステーションだ」と言う。よく見てみると商店の左側の少し入ったところに給油のノズルがあった。その店は、〝食料品店〟兼、〝食堂〟兼、〝ペトロールステーション〟だったのだ。後々田舎や砂漠の町にこういう店をよく発見した。自分の常識というものが薄っぺらいものだと痛感した。

　ピーターバラから少し西に行くと、ベイオブアイランド《BAY OF ISLAND》があった。いくつかの浸食された断崖絶壁の島々があり、その一つは中央部がトンネルのように丸く開いていて波が洗っていた。西に傾きかけた陽の光が波をキラキラと輝か

波に侵食された海岸線

せ、心地よい風が吹いていた。ウォーナンブール《WARNAMBOOL》からは一号プリンセスハイウェイと合流し、やがてポートランド《PORTLAND》の街に車は入っていった。

六月一七日（火）

朝八時過ぎ、ポートランドの港に行った。予想はしていたがやはりかなり寒かった。朝日の中、カモメをカメラで撮る。

昨日、ビジターインフォメーションセンターでもらった地図をたよりにブリッジウォーターロードを西に向かい、湖を目ざした。三〇分ほど走ると、道路は道をただ平らにして真ん中にアスファルトを敷いただけの簡単なものになった。

その名もブリッジウォーターレイクスというこの湖には、多くの種類の野鳥がいた。海が近くまた近くに国立自然公園もあり、手つかずの自然が残っているのだろう。

湖からもときた道に戻ると地図にも載っていない大きな洞窟が現れた。〝ＴＡＲＲＡＧＡＬ　ＣＡＶＥＳ〟というプレートだけがある。かなり大きなものだ。きっと太古のもので、たくさんの人々が起居していたと想像できる。夢中でシャッターを切り、ＥＮＧカメラで撮影した。とても良い見つけものをして、私はその日一日中得をした気分だった。

巨大な洞窟 TRRAGAL CAVES

column

【TARRAGAL　CAVESとグレートオーシャンロード】

TARRAGAL　CAVESは、石灰石による洞窟。ポートランドから車で二〇分ほどに位置する。洞窟に入るとすぐ大広間のように広い空間があり、また奥へも広がっている。

グレートオーシャンロードは、メルボルンからポートランドに至るまでのトーキーとウォーナンブールまでの海岸沿い、二五〇㎞の道路。波に浸食された奇岩、奇景が見られる。

ロンドンブリッジはポートキャンベルとピーターバラの間にある。かつてはその名の通り、ダブルアーチだったが、浸食のため左側のアーチが二十世紀後半に崩落した。

ここ二、三日『カンガルー注意』の標識が目につくようになってきた。ポートランドからネルソン《NELSON》に至るハイウェイ脇には何体ものカンガルーが横たわっていた。きっと夜間ハイウェイに飛び出して時速百数十㎞の車に撥《は》ねられたのだろう。中には鳥に啄《ついば》まれているものもあった。オーストラリアに来て初めてみた野生のカンガルーが横たわった姿であることは、悲しい。

ネルソンを出てしばらく走るとビクトリア州から南オーストラリア州に入った。そこは、マウントガンビア《MT. GAMBIER》の町だった。今朝、テレビのニュースでテロップも流されていたが、マクドナルドで新聞を読んでいると次のような記事があった。

今日、約一万一千人の教員がオーストラリア政府に対して全日ストライキを行うという。給与の増額要求と、政府が五二〇校の学校を閉校することを発表したため、その撤回を迫るものという。閉校すれば一六万五〇〇〇人の生徒が影響を受けるという。こちらでは、教員のストライキは合法だと思われる。日本で教員をしていた私には、どの国でも予算は削減傾向にあり、直面する課題は同じように思えた。そしてどこにも共通して言えると思うのだが、予算面できびしくともやはり生徒のことを一番に考えなければなるまい。

午後三時半にボーダータウン《BORDER TOWN》に到着した。モーテルの部屋に入ったとき、目覚まし時計は午後三時を示していた。

――そうか。西に来たので時刻は三〇分もどるのだ（南オーストラリア州＝アデレイド時刻）。

ポートランドから約三三〇km。シドニーを出発してから今日までで三三〇五km。キャンベラとメルボルンの間は、一日六百数十km走行したが、平均すると一日約三〇〇kmの距離を走ったことになる。なぜこんなにゆっくりしたペースで来ているのかといえば、この先のルートをどうとるべきか、悩みながらドライブして来たからである。アデレイド《ADELAIDE》、そしてポートオーガスタ《PORT AUGUSTA》から先のルートのことである。

第一のルートは、ポートオーガスタからひたすら西へと進み、パース《PERTH》（ちなみにシドニーとパースのあいだには二時間の時差がある）、北へ走りダーウィン《DARWIN》を目ざす。そしてダーウィンから南に走り、ウルル《ULURU》（エアーズロック《AYERS ROCK》）に行き、アリススプリングス《ALICE SPRINGS》に戻ってから東に進路をとり、タウンズビル《TOWNSVILLE》、そこから南下してシドニーに戻る。このコースをとれば、オーストラリアをほぼ一周することができる。日本にいる頃「走れたらいいな」と漠然と考えていたルートである。

第二のルートは、アデレイド、ポートオーガスタからウルルへ北に向かうもの。ウルル、アリススプリングスから北のテナントクリーク《TENNANT CREEK》に行き、そこから東へ――タウンズビルに至り、南へ――シドニーへと戻る。

第三のルートは、アデレイド、ポートオーガスタから東に向かいブロークンヒル《BROKEN HILL》、オレンジ《ORANGE》を通り、シドニーへと戻る。このルートをとれば、より安全に短期間でシドニーに帰ることができる。ブリスベンやゴールドコースト《GOLD COAST》でゆっくり滞在できるメリットがある。

以上、三つのルートともケアンズは外してある。ケアンズ、グレートバリアリーフには、以前行ったことがあり、この単独ドライブではあえて訪れる必然性を感じなかったからである。私は各コースのメリット、デメリットを考えてみた。

【ルート①】時計回りにオーストラリア一周する。まず、達成感がある。ざっと見積もってあと一カ月半か、二ヶ月かかる。シドニーへは八月上旬から中旬に到着する。九月末にニュージーランドのオークランドから日本へのチケットがある。時間はたっぷり余裕がある。レンタカーの延長はシドニーの〝ハーツ〟に電話するだけだ。

だが……不安もある。今までは大都市があり、小都市があり、町があり、村がありの道だった。ところがこのルートをとると、ポートオーガスタのむこうはパースまでほとんど町らしき町がない（ポートオーガスタからパースまで二千数百㎞）。さらにパースから北のダーウィンまでも同じだ。毎日、毎日、砂漠の中、長距離をただ走らなければならない。給油所はおそらくあるだろう。ＡＴＭもあるだろう。しかし、二ヶ月近く精神的緊張の中にいなければならない。もし、タイヤフラット（パンク）したら……、事故を起こしたら……。不慮の事故には、いつ遭うかも知れないのだ。

【ルート②】これもかなりタフなルートだ。ガイドブックの地図ではポートオーガスタからカルゲラまで（八六四㎞）町はない。ガントレインという鉄道があるが、私が持っている日本の地図では駅が無いのである。駅がないということは村もない。ただ、アリススプリングス、テナントクリークを越えれば、東海岸まで町が点在している。それに、延長しなくても、七月五日のレンタカーを返す期日までにシドニーへ戻れそうな距離でもある。

【ルート③】ここまで読んできた人は「あれっ？」と思うだろう。何という短さ。しかし、今までのほんの十数日を旅してきた中でも、私は「もう帰ろう」とくじけそうになることが何度かあった。行けども、行けども目的の村に着かない焦り、ずっと一人で運転し続ける緊張感からできるだけ早く逃れたい気持ち。タズマニアの豪雨で死ぬかと思ったこともあった。せっかくこの大陸に来たのだから、ブリスベン、ゴールドコーストでゆっくりするのも悪くない……。

ルート③はアデレイドやポートオーガスタに行ってから、その時点で体調不良ならとろうと思う。しかし、ルート①をとるか、ルート②をとるかは、今は決めかねている。

六月十八日（水）

ボーダータウンからアデレイドまでは約二八〇㎞。途中のマーレーブリッジ《MURRAY BRIDGE》を過ぎると、片側三車線で山を縫って走る立派なハイウェイだった。アデレイド近くのインターチェンジを降り、公園の近くにいた若者に日本のガイドブックのアデレイド市街地の地図を示して、

「グレネルグ《GLENELG》はどう行ったらいい？」

と聞いた。その若者はしばらく考えていたが、

「少し複雑だけど……そうだ、このハイウェイにもう一度のって、アデレイド方向に最後のインターチェンジまで行く。そこを降りたら一番左のレーンをとり、ひたすら真っ直ぐ行くとグレネルグだ」

「ありがとう。アイル《I'll》　トライ《try》　トゥ《to.》」

「グッド《Good》　ラック《luck!》」

そう言って彼と別れた。彼に言われた通り行ったら『左グレネルグ』の標識が出てきて、真っ直ぐ行くと海辺の町・グレネルグに着いた。そこには穏やかな海水浴場がある、アデレイド市街から少し離れたリゾート地だった。

ホテルのレセプションでチェックインして、先のルートについて聞いてみた。

「ここからアリススプリングスや、ウルルに行くことは難しい？」

女の人は丁寧に教えてくれた。

「アリススプリングスへは車で二〇～二一時間。今年の夏（二月）に行ったけれど、運転を交代しながら行ってもやっぱり疲れたわ。途中で一泊した方がいいと思う。給油所はあるから大丈夫よ」

私は教えてもらったお礼を言って、ついでにアデレイドのシティセンター（街の中心。ダウンタウン）に行く地図をもらった。ちょうどグレネルグから街の真ん中のヴィクトリアスクエアまでトラムが走っていた。少し休んだ後の夕方三時、トラムでシティセンターへ行った。久しぶりの大都会だった。美術館や博物館に入ろうかとも思ったが、明日からのことを思うとゆっくりする気分になれなかったのでやめにした。

しばらくベンチに座って、ストリートパフォーマーの演技をぼんやり見て午後五時頃、グレネルグに戻った。トラムに乗っていた時間は二五分ほど。心地よい振動だった。

南オーストラリア美術館から見たアデレイドの街並み

グレネルグに戻って夕日に染まった中、海辺のベンチに座るとちょっと疲れを感じた。疲れとともに思考が乱雑になってきているとも思った。

――今日はワインでも飲んで早く休んで、明日はゆっくり出発しよう。

六月十九日（木）

前に記したが、そもそも日本のガイドブックしか持っていない。そのガイドブックのアデレイド周辺の地図を頼りに、ポートオーガスタ《PORT AUGUSTA》に行こうとしたのが間違いだった。

グレネルグを出発し、北へ行ってポートアデレイドまで行ったまでは良いものの、そこから先、どの道を行ってみても、一号ハイウェイは現れてこない。何度トライしてもポートアデレイドの同じ景色に戻って来てしまう。二時間くらい同じ場所をグルグル走っていたように思う。一度そうなると人に道を聞くのも億劫になり、山勘で、北のハイウェイを行けば何とかなるのではないかと思うようになり……。エリザベスという町を通り、更に北へと太陽の位置だけを頼りに走ったが、どんどんと賑やかさは去って行き、ハイウェイもだんだん狭くなっていった。

午後〇時頃、小さなペトロールステーションで給油した後、オフィスのおじさんに聞いた。ポートオーガスタへ行く道を。そのおじさんはびっくりして聞き返してきた。

「ポートオーガスタへ行くんだって？　正反対の道だ。ここから四時間かかる」

私は全くの逆方向へ走ってきてしまったのだ。

「じゃ、どう行けばいい？」

おじさんが広げた一枚の地図には入りきらない程の位置にポートオーガスタはあった。行き当たりばったりの、自分の性格のいい加減さがこんな間違いを生んだのだ。

おじさんは地図をみせながら、分岐点の町を教えてくれた。メモ用紙をもらってそれを書き写した。〝SPALDING……CLARE……〟

タズマニアのホバートで女性が道順を書いてくれたときのようにこれはとても役に立った。途中標識が不明瞭なところがあり、土地土地の人々に教えてもらいながらではあったが、ほぼ正確に四時間半後、ポートオーガスタに着くことができた。

道を聞き、メモすることの大切さをあらためて思い知らされた。

ポートオーガスタの町に入る三〇分ほど前、激しいシャワー（雨）があった。後で見るとこのシャワーのおかげで車のボディの赤土はほとんど流されて、ちょうど良い洗車となった。

タズマニアのデヴォンポートからローンセストンへ行く時、そしてこの時も豪雨に遭ったが、その後はシドニーに戻るまで一度だけしか雨には降られなかった。その代わり今度はからからに乾ききった砂漠と、35℃を超える暑さの続く日々になった。

ポートオーガスタのモーテルでは、受け付けの女性がゴールデンチェーンモーテルのカードを発行してくれた。これによって以降、ゴールデンチェーンのモーテルでは一〇パーセントの割引を受けることができ、有り難かった。

加えてそのモーテルでは、パンとミルクをサービスしてくれた。前に並んだ客と同様に私はパンにつけるベジマイトを二つもらったが、部屋に持って帰ってから考えた。よく本に多くの日本人の体験が書いてあるのだ——ベジマイトがとても奇妙な味と舌触りであることを……。それでオフィスにベジマイトを二つ持って行き、マーマレード二つと交換してもらった（後日、このベジマイトを少しだけ口に入れたが、とても辛く、食べられなかった）。

私には不安があったので今後の旅の行き先について、アリススプリングスへはどれ位遠いかと受け付けのホストに聞いてみた。この時は男性だった。

「大体一六時間。途中クーバーピディに泊まるといい。ここから約五、六〇〇㎞だ」

とのことであった。パースへの道も聞くと
「とても遠い」

という返事だけがかえってきた。

「このモーテルの前の道を五分も行くと道が二つに分かれる」

とホストは言う。北のアリススプリングスへ向かうか、西のパースを目ざすか。分岐点だ。

結論はまだ出せなかった。『時計回り、大陸一周』には大きな魅力があった。だがあと二ヶ月近く、体力と精神力は持つのだろうか。

私はああでもない、こうでもないと考え、逡巡した。ただ【ルート③】のここから東へ走り、シドニーへ帰るという選択肢だけはその時考えてなかった。

——せっかくこんな機会に恵まれたのだから。

何もない砂漠の道をトライしたかった。

夕食をとった後、ビールとワインを飲んでテレビを観た。

「明日《あした》は明日《あした》の風が吹く」

それが私の信条だった。

思えばこの旅を思いついた時も、そしてこの旅を始めた後も、私は後ろを振り返って考えることはしなかった。後悔はしたくなかった。タズマニアで、道を間違えて行けなかったグレートレイクやナショナルパークは「またいつの日か行く機会がある」と思っている。それよりもこの地へ来て日々新鮮な発見があり、驚きがあり、いろいろな人に巡り会った。これからも会うだろう。

どちらのルートをとるにしても、自分にとって今までにない、新しい経験ができるという予感があった。

column

【ベジマイト】

・野菜をペースト状にしたものでバターのように食パンに塗る。オーストラリアで商標登録。ニュージーランドでも手に入れることができる。

英会話スクールのオーストラリア人いわく……

「これなしでは一日が始まらない」

砂漠の果てしなき道

STUART HWY

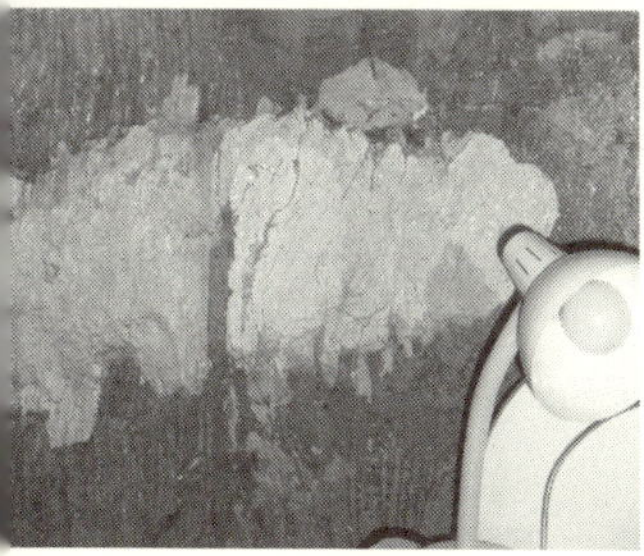

LOOK OUT CAVE

六月二〇日（金）

朝、起きた——やはり、初めてのこの大陸の自動車の旅であるなら、ウルル（エアーズロック）、アリススプリングスへの道をとるのが賢明に思えた。

朝九時出発。ポートオーガスタの町を少し南へ戻り、ガソリンを満タンにする。

北へ進路をとりさっきまで泊まっていたモーテルを通り過ぎ、しばらく行くとジャンクション（三差路）があった。

右——アリススプリングス　…………一二二〇km

左——パース　…………………………二四〇〇km

私は心の中で一瞬立ち止まった——次の瞬間、ハンドルを右に切っていた。この一週間いや日本を出発する時から迷っていた。

——オーストラリア大陸を一周したい。

という気持ちが強かったからだ。しかし自分の気持ちに逆らってでも、無謀なことは避けなければならない。「いつの日か、アデレイドの空港に降り立ち、この旅の続きをしよう」と心に誓った。

そうはいっても広いこの大陸を半周するのだ。もう後戻りはできない。時速一一〇kmにスピードを上げた。その時も私は不安と半ば悲愴な心持ちと、やり通すのだという気持ちがないまぜになっていた。

三分も走るとそこはもう、ただただ、砂漠とブッシュの中に一直線の道路が続いているだけの荒野の真ん中。クーバーピディ《COOBER PEDY》まで五四〇km。ともかく今は、その町まで辿りつかなければならない。

三〇分も走っただろうか。前方の同じレーンにトラックを見つけた。自分の車のメーターを見ると一一〇kmのスピード。みるみるトラックが近づいてくる。私は驚いた。とてつもなく長い。一つのトラックに三両の貨車が繋がっている。カーブにさしかかると、それらの貨車がそれぞれ違った動き方をして、道をふさぎそうになる。

このままでは埒《らち》があかないので、見通しの良い直線路で追い抜きをかけようとして私は右レーンに出た。つづいて加速し並走した。しかし、トラックの全長の半分も行かないうちに前方に左カーブが現れた。あわてて減速し、元のレーンに戻った。

——これでは無理だ。

シドニーからポートオーガスタまでのハイウェイには所どころオーバーテイキングレーン《OVERTAKING LANE》（追い越し車線）があって、追い越しは比較的容易だった。しかし、ステュアートハイウェイ《STUART HWY》と呼ばれるたった二車線のこの荒野の道には、そんな車線など付いているわけがないだろう。

しばらくして、この〝ロードトレイン《ROAD TRAIN》〟と呼ばれる大型、胴長のトラックの追い抜き方がわかった。前を走る乗用車がこのトラックを追い越してゆくのを見たからである。まず、あせらずに地平線まで一直線になっているレーンまでひたすら待つ。できれば下り坂になっている見通しのよい道がよい。そこまで来たら一気に加速し、追い越すのだ。私はこの要領でやっと、難儀したロードトレインを追い越すことができた。

column

【スチュアートハイウェイ】

アウトバックの中心部を南北二八〇〇km（北のダーウィンと南のポートオーガスタ間）にわたって貫く、舗装されたハイウェイ。このハイウェイは一八六二年に大陸の南北を縦断したヨーロッパ人、ジョン・マクドール・スチュアートの名に由来する。

大陸内陸部はほとんど砂漠で占められているため、道路を敷くには少しでも水資源のあるところに頼らざるを得ない。

そのため現行のルートの東側を走っている〝OODNADATTA TRACK〟という巨大な土手に沿った形で当初は建設された。

一九一五年、クーバーピディでオパールが発見され、採掘が開始されるとともにこのハイウェイの重要性が増した。

ポートオーガスタから、南オーストラリア州のアウトバックとノーザンテリトリーの州境まで舗装が完了したのは、一九八七年とずい分最近のことである。

アリススプリングスとダーウィンの間は、一八七二年、電信が南北につながれた翌年に切り開かれた。しかしこのルートも現行のハイウェイのように舗装、整備され完成したのは、つい最近らしい。

アウトバックに道路を建設することは、過酷である。そのためこのハイウェイの完成には長い歳月《さいげつ》を要した。

私はこのハイウェイで、カンガルー等の骸《むくろ》とともに、朽ち果てひっくりかえった車の残がいを幾度か見た。ここをクルージングしていくこともまた、過酷には違いないのだろう。

一時間ほど走った所にレストエリアがあった。砂漠、ブッシュのただ中にベンチがあった。正直ほっとした。便所もあった。便所から出て〝あっ〟と思った。手洗いの水道がなかった。ここは、東京でもシドニーでもない、砂漠のど真ん中だ。考えれば当然のことであったが、少々ショックだった。

――トイレのあとみんなが手を洗わないなんて……

この大陸へ来てみて思い知ることはたくさんある。また一つ学んだことが増えた。私の場合、リュックの中に〝ぬれティッシュ〟が入っていたことは幸いだった。

しばらくブッシュの灌木について説明しているプレートを見ていたら、南の方角から大きな爆音が聞こえてきた。さっき追い越したあのロードトレインだった。私はあわてて車に戻り発進した。また追い越しに、神経をすり減らすのは嫌だった。

その後一時間走り、『撮影スポット』の表示のあるレストエリアに入った。そこから遠くに眺められるのは、ガードナー湖《LAKE GAIRDNER》だった。砂漠の遥か彼方に水面が光って見えた。大自然の神々しいまでの神秘さを感じた。

やがて空は晴れ上がり、雲一つなく真っ青になった。それとともに暑さが増し、私はジャンバーを脱いだ。北に向かっているということは南緯は低くなり、それは赤道に向かっているということだった。この後シドニーに至るまでは、タズマニアのホバートや、キャンパーダウンで経験したような寒さを感じたことは一度もなかった。

しばらく走っていると英語で『WARNING　ANIMALS　ON　ROAD』と書かれた下に、日本語で『動物に注意』、『牛に注意』といった、なんと漢字とひらがな表記の道路標識が現れた。このハイウェイを利用する日本人ドライバーが多いからであろうか。このような日本語で書かれた標識は、後にも何度か見られた。

午後になるとますます炎天下になり、とにかく暑い。時おり運転席側と助手席側の窓を同時に開け、車内の熱気を払った。

やがて道路に並行して線路が現れ、貨物列車が走って

英語、日本語、ドイツ語と三カ国語で書かれた「牛に注意」の標識

いるのに追いついた。その長さ、ざっと見積もって百両以上を連結している。木材を載せている車両もあればタンクの車両もある。ダイナミックだ。

列車が姿を消してしばらく走ると突然、何と飛行機の標識が現れた。近くに空港でもあるのかと思いながら走っていると、今自分が走っている道路上に飛行場の滑走路にあるスタートラインが引かれており、道路自体が飛行機の滑走路兼用になっていたのだ。近くに管制塔らしき建物はなく、看板には、『エマージェンシー（緊急用）』とある。飛行機が着陸した際につくタイヤ痕は道路についていなかった。

――何ともスケールの大きな国だ。


キャンピングカーを牽引している乗用車を何台も追い越したが、ミラー越しに見ると年を召した白髪のドライバーが運転していることが多かった――今日は金曜日、週末を利用してロングドライブに出かけるのだろうか。その若々しさには驚かされる。

小さい頃に観たパラマウント映画の西部劇に出てくるような色合いの乾ききった砂漠の中に、クーバーピディ《COOBER PEDY》の看板が目立ってきた。午後三時過ぎ、陽は少し傾き出していた。「アコモデーション」、「パブ」、「モーテル」の表示の下になぜか「アンダーグラウンド《UNDERGROUND》」と書いてある。その時は意味がまったくわからなかった。看板の他には月面のように果てしない砂の丘が続くだけだった。

やがて町の入口に案内板があり、右折してしばらく行くとビジターインフォメーションセンターがあった。風が吹くと砂が舞い、やはり西部劇の映画の中にいるような荒野の風景だ。センターに入り「モーテルはあるか」と聞いた。

女：「ここではモーテルは紹介できない」

私：「それは、わかる」

女：「紹介はできないが、アコモデーションの資料を渡すから、あなたがその中から、選択することはできる」

私は了解し、資料を貰うとその中から一つを選んだ。するとその女性は地図にしるしを入れて、「ここよ」と示してくれた。

女性に礼を言ってから車に乗り込み、地図を見ながらモーテルを探す。だが、マッケンジー通りの道は見渡す限りの岩山だった。

――いくら何でも、何もないのはおかしい。

私は、車を停めると地図のモーテルの名を確かめた。

〝ルックアウトケーブ〟
LOOK OUT CAVE

——ケーブ？　洞窟じゃないか。

私はそのことに気づきよく探すと、その通りの少し奥まった所に広場があり、大きな木の下に「ルックアウトケーブ」の板がぶら下がっていた。その下には「モーテル」の板も。広場に駐車してオフィスの方に行くと、そこは洞窟の中だった。「アンダーグラウンド」の意味がその時初めてわかった。

オフィスのショーケースの中にはおびただしい数のオパールの装飾品が陳列されており、このモーテルが昔、オパールを採掘する坑道であったことがわかる。

部屋を案内してもらう。オフィスとは別の坑道の中に三〇余りの部屋があった。中は涼しかった。

部屋は、洞窟の中にあるから電灯を点けなければまっ暗（廊下には常夜灯が点いている）。つまり一日中夜の部屋と思えばいい。ベットも照明も、シャワーも普通のホテル、モーテルと変わりがない。ただ、洞窟の中だからといって空気が澱んでいるわけでなく、さわやかな

『ルックアウトケーブモーテル』の部屋

感じだ。夏の暑さ（50℃までなるという）冬の寒さも関係なく過ごしやすいだろう。

夕方、スーパーマーケットに買い物に行く道すがら、坑道を利用した多くの宿泊施設があることがわかった。またここのスーパーマーケットは今までのものと比べ、明らかに品数、量ともに少なかった。ここは砂漠の真ん中の町だ。あのロードトレインや貨物列車でアデレイド等から商品が運ばれてくるのだろうが、その量はささやかである。野菜や果物などの値段はやはり高かった。このこと一つとっても砂漠の中の町での物資は貴重であることがわかる。また物流の難しさをも表している。

もう一つ気づいたことがある。アボリジニの人々が今までの町に比べて多い。ネイティブオーストラリアの地に来たことを実感する。

モーテルのベットに寝そべってむき出しの壁を眺めていると、赤、黄色、茶色の地層に囲まれていた。不思議な気分だった。太古の世界に迷い込んで、洞窟の中にいる原始人の様に自分のことが思えてきた……。

『ルックアウトケーブモーテル』の外観

column

【オーストラリアのオパール採掘の歴史】

オーストラリアでオパール採掘がはじまったのは一九〇〇年代だからそう昔ではない。最初はクイーンズランド州で――クーバーピディでは一九一五年から。金を掘りに来ていた一家の少年がオパールをたまたま見つけたことがそのはじまりだ。以来、世界中の注目を集める町となった。

過酷な気候から逃れるため、二六二四人の人口の半分は地下の住居に住む。

〝クーバーピディ〟という名は、アボリジニの言葉で「地面の中の白い人（白人）の穴」を意味するといわれている。

六月二一日（土）

朝五時に目覚めた。窓はないから当然朝日は見えない。電灯を点けなければまっ暗のまま。五時半頃、隣の部屋から出かける物音と会話が聞こえてくる。こちらも準備する。午前六時半に出発。うすら明るい通りのペトロールステーションでガソリンを満タンにして、ハイウェイへの道を聞く。おじさんは、

「次の辻を左折して、突き当たりを右にゆけばよいさ。アリススプリングまではおおよそ、八時間だよ」

と言う。

――八時間……。

七〇〇㎞をいとも簡単に言う。

――言ってくれるじゃないか。

今日も長い一日になりそうだった。つらいだろう。だが、昨日砂漠の道をドライブしたことで、私はこの旅を最後までやり通す自信が持てた気がしていた。

――さあ、行こう。

やがて朝日が眩しくなったスチュアートハイウェイを時速一〇〇kmで北に向かった（この時速は、燃費の節約を考えてのことである）。

私の乗る車には一リットル当たりの走行距離を表示するメーターがついていた。今までは大体七～一〇kmを示していたが、このハイウェイでは登り坂の時以外、一五～二〇kmを示すくらい燃費がよくなった。クーバーピディのモーテルで薦めてくれたマーラ《MARLA》までは、二三三km。すぐだった。次のカルゲラ《KULGERA》までも、そこから一八〇km。

カルゲラの付近までできた昼前、ステュアートハイウェイは、南オーストラリア州からノーザンテリトリーへと入っていた。ここで、道路標識が一一〇km制限から一二〇km制限へ。つまり法定時速制限が上がった。私が今まで走った中でも最速である（アメリカでも、コロラド州やフロリダ州で七五マイルの法定速度の道を走ったが、それとほぼ同じ速さだ）。道もまっすぐで走りやすかった。

カルゲラのパーキングは、まるで大きな広場のようだった。中央に大きな看板の地図があり、地図上の道標《みちしるべ》がそれぞれの方面への距離を示していた。シドニー、パース、ダーウィン、アデレイド。どの方面でもここからの距離を示す数字は大きい。

ここで給油した。一リッター当たり、二・〇二ドル。今までの給油所の中で一番高い。これも需要と供給、物流の難しさの結果だろう。午後〇時三〇分のことだった。

カルゲラからエルドゥンダ《ERLDUNDA》までは七四㎞。ガソリンも入れ、次の町までの距離が近かったこともあり、心は軽かった。

【ライダーたち】

オーストラリアを走っていると、キャンピングカーを牽引して走るドライバーをよく目にする。また週末にもなると、ハイウェイを走るモーターサイクルライダー（バイク野郎）とよくすれ違う。はじめは彼らを若い兄ちゃんたちばかりだと思っていたが、だんだん結構な年配の方もいることがわかってくる。

単独走行。二、三台でのツーリング。サイドカー付きの二人乗りのもの。中には後輪が二輪の三輪車タイプと、多彩である。

彼らは土日に日頃のストレスを解消するためにバイクを走らせているのだろう。それにしても四輪の自動車でもこの長距離はつらいのに、大変だろうなと思う。以前日本でオートバイのツーリングを愛する友人に聞いた話では、体力の消耗の度合いは自動車の比ではないという。オージー《AUSSIE》（オーストラリア人）のライダーもタフだな、と思う。

あのカルゲラの広場で、大看板の地図を一〇分間ほど見ていたオージーのライダーはやがてフーッと長い息を吐くと、エンジンを始動させクーバーピディの方角へと走り去っていった。週末のアウトドアの過ごし方にも色々な時間の使い方がある。

――今日の宿泊地は、……ウルル《ULURU》にするか、アリススプリングス《ALICE SPRINGS》にするか……と考えていたときだった。突然！　目の前を黒い動物が横切った。あわててブレーキを踏み、センターミラーで後方を探ると、その動物はハイウェイ沿いにかなり後方まで走って行き、そこで止まった。ギアをバックに入れ三〇メートルほどバックすると、何とそれはあのディンゴ《dingo》だった。

窓を閉めたままおそるおそるシャッターを切った。逆光であったが、なんとか収めることができた。

ディンゴは、珍しいものを見るようにじっとこちらを見ていた。動かなかった。私は一刻もはやくその場を離れたかったので、車を急発進させた。恐怖を感じたのだ。――だからその後ディンゴがどこへ行ったのかは知らない。

エルドゥンダに着いたとき午後三時を回っていた。このジャンクションを左折すればウルル・カタジュタ方面、まっすぐ北へ直進すればアリススプリングスだった。どちらも約二百数十kmで距離は同じぐらいだ。

――一気にウルルへ行く進路を取ろうか。いや、待てよ。今日は土曜日だ。観光客が多いだろう。もし、ウルル周辺のアコモデーションが満室ばかりなら、アリススプリングスまでもどるのは深夜になる。

私は安全策をとることにした。今日はアリススプリングスに行き、明日、ウルル、カタジュタへ行こう。往復することになり燃料はもったいないが、その方が安心だ。安全第一だ。

アリススプリングスに到着したのは午後五時半を過ぎていた。無事モーテルでチェックインを済ませホッと安堵したのも束の間、疲れ切った身体に思わぬ災難がふりかかった――シャワーからお湯がでない。

海外ではよく聞く話だが、我が身に起こったのは初めてだった。出てくるのは赤茶色のさびた水ばかり。オフィスにクレームを入れるがまったく取り合おうとはしない。ここは砂漠の真ん中の町。多少不具合があっても仕方がない。日本のように常に過剰なまでの便利さを享受できるわけではないのだ。それにしても、クレームにたいして謝罪と説明くらいはするべきではあろうが……。

column

【ディンゴ】

五万年以上前、アボリジニの祖先は遠くインドやスマトラ島、ジャワ島からこの大陸にやってきたといわれる。当時は、現在より海面が一二〇～二〇〇m低かった。

ディンゴがアジアからいつ頃彼らに連れてこられたかははっきりしないが、彼らの飼い犬であったのが、この大陸で野性化したものといわれる。歯が鋭く、肉食で性格は凶暴。牧羊、牧牛、はては体長二～三mのワニ（クロコダイル）を数匹のディンゴで襲うこともある。

出会った際、私は恐怖を感じ、車の窓を閉めたまま撮影した。

こちらの様子をうかがうディンゴ

聖地ウルル

ULURU

聖地

六月二二日（日）

昨晩シャワーのアクシデントはあったが気を取り直してウルルへと向かう。まず、昨日のエルドゥンダまでもどる。他にも近道になる行き方はあったのだが、その道の入り口には「四輪駆動車専用《4WD ONLY》」の標識がある。私のカローラで入っていって、抜け出せなくなってしまっては大変だ。

エルドゥンダのパーキングロット（レストエリア）まで戻って、昨日は気づかなかったものを発見した。それは広いパーキングロットの端っこの金網の中に飼われていた。『エミュー《emu》』というこの国固有の大きな鳥だ。飛ぶことはできないが、時速四〇km以上で走るという。二羽がのんびりと餌をついばんでいた。

エルドゥンダからウルルまでは二五〇km。ハイウェイはどんどん登り坂になってくる。高地になればなるほど太陽に近づくのか、暑さは増していき、トレーナーを脱いだ私はワイシャツだけになっていた。ハイウェイを取り巻く土もだんだん赤くなってゆくようだった。コナー山《Mr.CONNOR》という旅人たちがよくウルルと見まちがうという山を左に見ながら、車はますます登る。

　ハイウェイの随所にはカンガルーが横たわっていた。この動物は夜行性であり、光に向かって行く性質がある。この車に轢かれたかわいそうな動物にハゲワシ《vulture》が群がっている。彼らは脇を自動車が一〇〇km超のスピードで走り抜けていっても決して獲物のそばから離れようとはしない。二つの羽根を大きく広げ、こちらを威嚇するそぶりさえ見せる。からからに乾いて骨と皮だけになったカンガルーの骸《むくろ》。ときどき白骨がむき出しになって見える大きな牛の骸もこのハイウェイ上で見られた。

　やがて、建物が増えてきて周囲が賑やかになり、ウルルリゾート《ULURU RESORT》（YULARA RESORTともいう）に入った。日本のガイドブックに載っていた一番安かったホテルを訪ねる。

「あなた予約している？」

「いや。いくら？」

「シャワー、トイレは外の安い部屋で一七八ドル」

「他にもっと安い部屋は？」

「これがこのリゾートで一番安い部屋さ」

　コンクリートブロックで仕切られたコテージ風の部屋には、ダブルベッット、二段ベッット、椅子二つ、冷蔵庫、エアコンがあるだけ。トイレとシャワーは共同で、キャンプ地のように外に一列に並んで設けられてあった。「いくら観光客がひきもきらないといったって、ぼったくりすぎませんか?」と。予約もなしに飛び込みで入った私が文句を言える筋合いではないが……。

ウルル《ULURU》、カタジュタ《KATA TJUTA》国立公園の入り口にはゲートがあり、入場料は二五ドル。三日間有効のスタンプを押してもらう。

「どこから?」

「日本」

ゲートの女性はウルル、カタジュタの山々とアボリジニの人々の信仰について書かれた日本語のパンフレットと英語の解説書を差し出して、「エンジョイ」と手を振ってくれた。

夕方五時。サンセット《SUNSET》ビューイング《VIEWING》エリア《AREA》ではウルルの全景を大きく撮ることができる。そこで数枚、そして麓まで行き、タイマーで自分とウルルを撮影したものを数枚、カメラに収める。

その晩は、パンフレットを読んだ。アナングの人々（アボリニジニ）にとってはウルルとカタジュタの山々は聖地であり、ジュクルパ《TJUKURPA》という古代からの規律ではこの聖地に登ることを〝法度〟とするというような表現がされていた。ただ、ルールを守り、節度をもって、アナングの文化を理解した上で写真を撮ることは許容されているという。それを読んだ私は、明日ウルル山に登ることは止めようと思った。日本のガイドブックはウルル、カタジュタ登山を奨めているが、英語の解説には「Please don't climb Uluru」と明確に書かれてある。

ここに、２００９年7月14日付、毎日新聞の記事を紹介する。

豪ＡＢＣテレビ（電子版）によれば、「エアーズロック」の別名で知られるオーストラリア中部の巨大な岩山「ウルル」について、同国連邦政府は、先住民アボリジニの聖地であることから、観光客の入山を禁止する計画を策定中だと明らかにした。今後各方面との調整をした上で、18カ月以内の実現を想定している。

ウルルは北部特別地域（準州〈筆者註／ノーザンテリトリー〉）にあり、高さは３４6メートル《メートル》。内外から毎年35万人の観光客が訪れ、うち10万人以上が入山している。１９８５年にアボリジニに所有権が返還された。アボリジニは以前から観光客の入山に反対していた。

政府は閉鎖計画に関連し、観光客が環境に及ぼす影響を指摘。山頂にはトイレもないため汚染が広がり、動植物や近くで遊ぶ子供の健康に悪影響を与えているとした。アボリジニの地権者の一人は「われわれの聖地に対する宗教的な敬愛の念を尊重すべきだ」と話している。

『時事通信社配信２００９年7月14日付毎日新聞』

【ジュクルパ】

ジュクルパはこの大陸に存在する人間、動植物、自然の関係について説いている。岩や木、川などすべての自然が、どんな小さな生物、そして聖地までもが、それぞれにふさわしい場所を持ち、意味を持っている。人間と動植物、自然の関係がどのように築き上げられたか、その関係の意味するもの、また人間はどのようにしてこの関係を維持するのか、などがジュクルパで説明されている。

――それぞれのアボリジニ部族には、この神々の天地創造の時代から与えられ、属し、管理し続けねばならない土地と自然があった。もしも、誰かが別の者の守る場所を破壊するようなことが起こったとしたら、その破壊した人間は病気になり死んでしまうなど、必ずや破滅してしまうというのである。

人間と大地、人間と自然、人間と地球とは密接に関連しているのである。

アボリジニは、夢の中や儀式を通して、これらの祖先とコンタクトを取る。日常生活の中でも、ドリーム・タイムを維持し続ける限り常に、彼らはドリーム・タイムの祖先とともに生き続けているのである。5万年も前からの過去は、現在の一部であり、未来もまた同時に進行しているのである。

生きるためのすべてを教えてくれるドリーム・タイムの信仰が、アボリジニの社会を統合していたのだ――

「アボリジニの教え　大地と宇宙をつなぐ精霊の知恵」（海　美央著、KKベストセラーズ、一九九八）

旅人たち

KATA TJUTA

カタジュタ

六月二三日（月）

朝五時、日本のNHKニュースによると、岩手、宮城県で地震があり、かなりの被害があった由《よし》。長いこと離れていると日本のことが気になる。被害が少ないことを祈る。

午前八時、ウルルのサンライズ《SUNRISE》ビューイングエリア《VIEWING AREA》。山の全景が赤く、時に麓辺りの木々が黄金色に燃えているようで、とても美しい。私は夢中でシャッターを切り、ENGカメラで撮影した。英文の解説によると太陽の高度が低い

朝日を浴びる８時30分頃のエアーズロック

時、大気は巨大なプリズムの役目をはたし、光線を色の列に分割してしまう。中でも赤の分光がこのウルルに直射し、その上になお、ウルルの岩や周囲の砂の赤さが加わって、この見事な輝きをつくりあげているという。したがってこの現象は朝と夕に限られている。これも大自然のなせる奇跡である。

日が昇ってから、この一枚岩でできているというウルルの山の麓を一周する。間近で見ると、雨や風による浸食の

多くの空洞や風紋のようなものがみられる。また下部には水分があるのだろう、植物が生えている。

あと、落石のあと、風紋のようになっているところ、洞窟のようになっているところなどが見られ、またそのような中で水分のあるところからは植物が生えてきている。何をとってみても自然の大きさに心動かされる。

近くにあるカルチュラルセンターでこの地の文化と環境についてのプレゼンテーションが時々行われるとパンフレットに書いてあったので、私は『ジュクルパ』について聞きたいと思った。センターへ行ってみたが、残念ながらその日プレゼンテーションは行われていなかった。

カタジュタはウルルから西へ五〇㎞ほど。そこへ向かうハイウェイは時計回りにカーブして行く。ある地点まで行き、私ははたと気づいた。

――しまった。このままこのハイウェイを進むと、太陽とまったく反対の位置（逆光）に行ってしまう。

そこで私は時計の針を逆回転させ、つまり今来た道をもどり、太陽と反対方向にカタジュタが位置する所に行って、陽光に輝く山々を撮影した。

ウルルリゾートのショッピングセンターに戻ると観光客で賑わっていた。

――ああ、この人たちはこの近くの空港に降り立って二、三日このリゾートで過ごし、帰って行くのだろう。

明らかに日本からハネムーンで来たと思われるカップルも何組かいた。彼らとは違い自分はこれから午後をまるまる使って、あの灼熱地獄の道を四五〇㎞離れたアリススプリングスに引き返して行く。彼らには想像もつかないであろう大自然を堪能しながら……。


夕方四時、二日ぶりにアリススプリングスまで戻ってきた。一昨日の二の舞いにならないように、ゴールデンチェーンのモーテルガイドからもう一つのモーテルを選んだ。

『ホワイトガム』というそのモーテルは新しく、部屋は明るく、窓からはさわやかな風が入ってくる。シャワーはもちろんバスタブもあり嬉しかった。湯も正常に出た。そこで休養もかね、明日もこのモーテルにとまろうと思った。

陽もとっぷりと暮れたころ、リカーショップに入ってビールとワインを買う。前述したように酒を購入するにはＩＤの提示が必要だった。その店でふと頭上を見上げると、

〝私たちは、靴を履いていない者には一切酒を販売しない〟

とあった。ドキッとした。これはアボリジニの人々に対して言っているのだろうか。その時、周りの人にはり紙の指し示している意味を聞く勇気を私は持ってはいなかった。帰国して英会話スクールでオーストラリア人（白人）の講師に思いきってきいてみた。彼は、ベイグラント《vagrant》のことだろうと言った。その言葉には『さすらい人』の意味がある。掲示の文章は職を持たない、金を持たない、あるいはアルコール中毒の者には売らないという意味だという。アリススプリングスや、ダーウィンでは全人口に対してアボリジニのパーセンテージは高いという。ノーザンテリトリー全体では、人口二〇万人のうち、約三〇％がアボリジニだ。当然アボリジニの人々も『さすらい人』の中に含まれているのだろう。

南オーストラリア州からノーザンテリトリーに来るとテレビのコマーシャルキャンペーンで「アボリジニの生活環境を改善しよう。就労させよう。子どもたちの教育環境を改善しよう」というものをよく見る。ウルルのホテルの部屋にはそれに対して基金を募る封筒が置いてあり、私も昨日いくらかの寄付金を入れてきた。そのオーストラリア人講師は言う。「貧困、雇用、社会福祉と私たちの国には大きな課題がある」と。

ウルル、カタジュタで見てきたように、太古から口移しで伝えられてきた『ジュクルパ』

を守ってゆく先住民＝アボリジニに対する畏敬の念と、貧困、雇用、社会福祉という大きな課題を解決するという、表と裏の表情をこの若い国は併せ持っている。

六月二四日（火）

私は二連泊したい、という希望をレセプションに伝えていなかった。受けつけた女性に申し出ると、

「今日は満室だとおもうけど……」

と言いながらも検索してくれた。

「少し小さい部屋ならあるわ」

ラッキーだった。早速新しい部屋の鍵をもらい、前の部屋の荷物を移してから古い鍵をレセプションへ返しに行った。ついでに紙幣をコインに両替してもらう。洗濯をしたかったのだ。

乾燥が終わるまで町の中心まで散歩と食事をかねて出かけた。冬の晴れ渡った気持ちのよい天気だった。ビジターインフォメーションセンターまで来た時、グレイハウンド《長距離バス》が停まっ

ていた。行き先のサインを見なかったが、南向きに停車していたからきっとアデレイド行きだったろう。その距離ざっと一五三〇km。一体どれくらいの時間がかかるのだろう。自分が辿ってきた道のりと日数を思うと、あまりの遥かなことに呆然とする。乗り込む客は若者ばかりだった。

スーパーマーケットの壁に人物や動物の絵が描かれてあるのに気づいた。後にニュージーランドの図書館でオーストラリアの自然や、町の風景をテーマにしたカラー写真の本を見たとき、クーバーピディ、アリススプリングスの代表的な風物としてスーパーマーケットの壁画が写っていた。この時写真におさめなかったことは、後々かえすがえすも残念に思った。その代わりといっては何だが、モーテルに帰る道すがら、アリススプリングス病院（かなり広い敷地があった）と道路を挟んで反対側に、興味深い店を見つけた。

アリススプリングスの『中古屋さん』

〝セコンドハンド　ショップ〟

いわゆる『中古屋』さんである。大きな角とワラビー（カンガルー科で小型のもの）をデザインしたその看板も特徴的だったが、道路に面した所に大きな右手の造形物。その人さし指が左腕となり虚空に何かを掴もうとしている。看板といい、造形物といい、なかなか日本では見ることのできないユニークなもので感心した。

午後は町から四km北にある旧電信中継所《TELEGRAPH STATION RESERVE》を見に行った。一八七一年にダーウィンとアデレイドを結ぶ通信中継所として建てられたという。百数十年前の当時、長い長い三〇〇〇kmも砂漠をへだてた両市が電信でつながれていたこと、そしてケーブルでつなぐのにどれだけの苦労があったかを想像するだけで驚嘆に値する。当時の機材もそのまま、小屋のような建物の中にあった。

その日の夕日はまさに鮮やかな深紅の赤だった。キャンベラ以来、久しぶりののんびりした一日だった。

六月二五日（水）

朝、モーテルを発つ時、昨日の洗濯で仲良くなったホストのおじさんに聞いた。

「テナントクリークまでどれくらい？」

「さあ、五時間ってとこかな」

例の日本のガイドブックの粗っぽいオーストラリア全図ではアリススプリングスのほんのちょっと北に位置するが、おじさんの話によると五〇〇㎞は北にいかなければならない。私は今後の予定を頭の中で反すうした。

——テナントクリークから少し北に行き、右折。ノーザンテリトリーからクイーンズランド州に入る。東へ東へと行き、海岸に出たらそこがタウンズビルだ。今度はそこから南下してシドニーを目ざす。

このような予定を考えると途方もなく遠く感じられるが、今まであれだけ不安であった砂漠の道を走破してきたのだ。

——最後まで無事完走するぞ。

と心の中で自らを鼓舞し、出発した。

町を出てすぐそこは荒涼たる砂漠地帯。ノーザンテリトリーでは法定速度は一二〇㎞。多くの車は大体一三〇㎞くらいで走っている。その速さで走っていてもハイウェイ上遠くに見える車は、陽炎《かげろう》のせいでゆっくり動いているようだ。はてしなく道はまっすぐ続く。まるで大海の中を小舟が揺られて進んでいるようだ。人間の力とは自然の前では本当にちっぽけなものだ。

道路標識『ダーウィン　一四五二』を見て、呆然とする。『テナントクリーク　四七三』ですら果てしなく感じるのに。

——これがオーストラリアなんだ。

と実感する。

途中のレストエリア（ロードハウス）で、男性ににこやかな表情で声を掛けられる。

荒涼とした赤い道

男：「ナイスデイ《Nice day.》」
私：「イエス《Yes》　バット《But》　リトルビットタイアド《Little bit tired.》」
男：「テイクケア《Take care.》　ウエア《Where》　ウッジュ《would you》　ゴー《go》　トゥ?《to?》」
私：「アイド《I'd》　ライクトゥ《like to》　ゴー《go》　トゥ《to》　テナントクリーク《TENNANT CREEK.》」
男：「ハヴ《Have》　ア《a》　ナイスデイ《nice day.》」
私：「サンクス《Thanks.》　ユゥ《you》　トゥ《too.》」

大体こんな感じの会話だった。
次のロードハウスでもお互い見知らぬ者同士が声を掛け合っているのを目にした。

〝ハヴ《Have》　ア《a》　ナイストリップ《nice trip.》〟

ノーザンテリトリーでは、しばしば目にした見知らぬ者同士の挨拶。ここは良い意味で田舎なんだと思う。挨拶は相手の警戒心を解くためであり、エチケットでもあるのだろう。

（それは後に訪れたニュージーランドでも同じことが言えた。南島のツワイゼルという山あいの村のショッピングセンターでは、道行く会う人会う人、すべてに声を掛けられたことがある）

また、ノーザンテリトリーを走行中、もちろんすべてのドライバーではないが、対向車とすれ違う際、軽く手をあげて挨拶をしてくるのを発見した。気づいて以降、こちらから手をあげると、対向車のドライバーもあげかえすことが多かった。こんなところも大都会にはない、ローカルエリアの良い点だと思う。

テナントクリークまで一二〇㎞と近づいたところから一時間ほど、ずっと登り坂が続く。時速は百㎞くらいに落ちていたので、約百㎞続いた坂である。高所に来たとはいえ涼しくはなく、むしろ暑さが増したように思えた。

午後二時過ぎ、テナントクリークに到着。モーテルにチェックインする。フロントで次の行程について尋ねる。

「東のマウントアイザ《Mt. ISA》までどのくらいかかる？」

「まあ、七、八時間かな」

「そんなに遠いの？」

「遠い」

「マウントアイザまでの途中に町はある？」

「ない。他のどの方向に行っても町まではそのくらいかかるよ」

「よし、わかった。明日はマウントアイザまで行く」

両腕にタトゥが入ったレセプションホストの兄さんに、私はそう決意表明をした。この兄さん、後でワインの栓をオープナーで開けてくれと頼んだら、すばらしく見事に――芸術的と言えるほどきれいに開けたので、私は思わず拍手した。

この町は一本の通りに店が並び、標高が高いせいか夕暮れの時間がたっぷりとあり、従って建物や人々の影が長く伸びているのが印象的であった。

六月二六日（木）
この国へ来て二〇日以上過ぎた。旅もいよいよ後半だ。
午前七時一五分、テナントクリークを出発。しばらく北上。右側から昇りはじめた赤い太陽が、やがて白く輝きだしまぶしさを増す。私は必死に目を凝らした。ジャンクションを通

ウェルカム トゥ クイーンズランドの看板

り越してはならない。太陽の光が道路標識をまぶしくひからせ、とても見づらかった。一五分か二〇分。やがて右側に道が見えた。『右マウントアイザ』の標識——右折した。しばらく行くと『マウントアイザ　六四六』。一二〇㎞走行で進む。

　カンガルーの骸以外に気を使わずにすむ、のんびりした道であった。州境まで続いているバークリイハイウェイ《BARKLY HWY》で私の車を抜き去っていった車は二台。私の車が抜き去った車が四台、そして抜き去った自転車が一台……自転車！　このほとんど車も通らない荒野のハイウェイを行く一台の自転車。ウインドブレーカーを着て、そのフードで頭を覆ったこの人は、通勤中なのだろうか。しかし、となりのロードハウスまでだって有に二〇〇㎞はある。午前八時過ぎのことだった。

日本で有名なリヤカーを引いて世界を渡りあるいた人がいる。また、こちらのニュースでも取り上げられた、バギーを引っ張りながら総距離四万㎞を走ったオージーの女性。世の中にはすごい人がたくさんいる。

午前一一時五三分。「ウェルカム　トウ　クイーンズランド」の看板。とうとうノーザンテリトリーからクイーンズランド州に入った。

五分ほど走ったところの村のペトロールステーションで給油する。支払いの時、ふと頭上を見ると時計は午後〇時三一分を指していた。すなわち、この州境を通過したということは三〇分の時差の壁をまたいで先に進んだということなのだ。私はいわゆるアデレイド時刻からシドニー時刻へと時計の針をすすめた。

マウントアイザへ走行中、めずらしい道路標識を見つけた。

『CAUTION　ROAD TRAIN　53METRE LONG』

〝警告　ロードトレイン　五三ｍの長さあり〟

そうだ。あのロードトレインと呼ばれるトラックは五三ｍもあるのだ。小学生が普通かけっこで記録をとる時は五〇m。このトラックはあの五〇m走路より長いのだ。驚きである。ポートオーガスタからクーバーピディに行くハイウェイで初めてこのトラックに遭遇し、追い越そうとした時の恐さがよみがえる（このロードトレインは東海岸に出て南へ走るハイウェイでは全く見なくなった）。

マウントアイザには午後三時二〇分ごろ着いた。この町はいままでの町と比べ異色だった。砂漠から突如、喧噪の大都会へと放り込まれたよう。ひしめく工場の唸り声を上げる機械音。この町は銀、銅、鉛、亜鉛の採掘では国内有数だそうである。

そんな町だからであろうか、モーテルはほとんど満室だった。今日はまだ先に進めそうなので、ペトロールステーションで給油をしようと思った――車の行列。何と一リットル一・五五ドル。今までより格段に安い。メルボルン近郊以来の安さだ。スチュワートハイウェイでは一リッター一・九ドル、二ドルというのがざらにあったので、並んでも給油しようとするわけだ。支払いの時

「クロンカリー《CLONCURRY》までどのくらいかかりますか？」

と聞くと、キャッシャーの女性はとなりにいた客の若い男性に同じことを聞いた。彼はすぐ教えてくれたが、それが全く聞き取れない。何度も聞き直すと今度はキャッシャーの女性

が、
「ワンナワー　ツエンティ（一時間二〇分）」
と言って助けてくれた。私には若い彼の言っていることが全く理解できなかった。彼の訛りと私の理解力の両方が原因であったと思う。

マウントアイザを出て標識を見るとクロンカリーまでは一一七㎞だった。一時間二〇分の意味が納得できた。この道は今までの砂漠の中のような直線道路ではなく、山間のアップダウンの起伏に富んだ山道になった。久々にオーバーテイキングレーン（追い越し車線）も登場した。対向車線にロードトレインがどんどんやってきた。マウントアイザの鉱山や工場に向かうのだろう。一台だけでも風圧がすごいのに三台、四台と連なってやってくる。その圧力、轟音、迫力に圧倒される。その積載量が、この広大な国の人々の生活を支えているのだろう。

同じ車線にもクロンカリーまであと一五㎞というところで、前方にロードトレインが一台走っているのを見つけた。その後方を走る薄い茶色のクーペは、ロードトレインを抜こうという素振りを見せなかった。そうだろう。こんなカーブ、起伏の激しい道ではやめた方がいい。三台は連なってクロンカリーの町へ入っていった。

この町はマウントアイザとは対照的に静かだった。南北に少し賑やかな通りと静かな通りが平行して二本走っている。その通りから少しでも外れると、夕日に長い影をおとした家々が静寂の中にたたずんでいた。少し走って探したがモーテルらしきものはなさそうだった。

静かな通りの郵便局の前に、一軒のタヴァーン《TAVERN》があった。一階がパブで二階以上が宿屋という造りだ。今日はここに泊まろうと思い、オフィスのドアを開けたが誰もいない。カウンターのベルを押すと、パブで客と話していた若い女性がこちらに向かってくる。私の顔を見たその女性は開口一番

「名前は何と言いますか？」

と日本語で。びっくりして

「日本語を話すの？」

と聞くと、彼女の言うには、以前メルボルンで日本人の学生に少し教えてもらったとか。

女性は宿帳を取り出して、

「ドント《Don't》　ライト《write》　イン《in》　ジャパニーズ《Japanese.》（日本語で書かないで）」

と言って笑った。

八五ドルだという。まあ高くはない。部屋の場所を教えて、鍵を私に手渡した。そして彼女は、

「チェックアウトタイム　ハー　アサジュウジ、イイ？」

と、再び日本語で言った。


その夜、食事を終えてワインを飲んでいた私は、部屋のすみの壁に何か動く物を見つけた。近寄って見てみるとどうやらヤモリらしいのが二匹、壁を這っていた。私は驚きもしなかった。砂漠の中を旅しているうちに、『最低食べ物と水さえあれば、生きて行ける』という確たる自信のようなものが、私には自然と身についていたんだと思う。

その夜、廊下の椅子に座って中年の男と女の人がずっと話していた。きっと酔っぱらっているのだろう。夜十二時を過ぎても終わらない。ひとこと言おうかと思ったが、面倒くさいなと思った。やがて話し声は子守唄のように聞こえ、眠ってしまった。

今日のテナントクリーク＝クロンカリー間の走行は７７７㎞。フィーバーのいい数字だ。でも疲れた。

10km毎にハイウェイ脇にある標識。クイーンズランド州まで220km。

六月二七日（金）

クロンカリーから東海岸のタウンズビルまで一気に下るつもりだった。しかし、七六〇kmある。二日続きの七〇〇km超えてのドライブはさすがに辛い。まずは、途中の大きな町であるチャーターズタワーズ《CHARTERS TOWERS》まで行こうと決める。それでも六四〇kmあるのだが……。

リッチモンド《RICHMOND》の町に入るところで、西へと向かう徒歩の旅人を見つけた。リュックサックの上に寝袋を載せて、スーパーマーケット「コールズ」のエコバックを腕に下げていた。

――今から出発するのだろう。砂漠に寝泊まりするのだろうか。

少し停まって、その初老の人を目で追いながら、「世の中にはまだまだすごい人が本当にたくさんいる」と思った。

その後、この町を出たところで、普通の大きさ（ロードトレインに比べて）のトレーラーを牽引する車とすれ違った時〝ピチッ〟っと音がした。よく見るとフロントガラス（ウインドスクリーン）に傷があるようだった。

――しまった。

昨年ニュージーランドで飛び石で痛い目に遭ったことを思い出した。

――オーストラリアでもフロントガラスの修理代を請求されるのか……。

そう思うと気が重かった。が、ペトロールステーションで洗剤液を付けたクリーナーでガラスをふくと、傷跡はきれいに消えていた。どうやら傷ではなく、汚れだったようだ。ほっと安堵した。


マウントアイザとタウンズビルを結ぶ鉄道が、このフリンダースハイウェイ《FLINDERS HWY》と並行して走っている。しばらく走ると貨物列車に追いついた。二〇〇両以上の貨車を繋げているようだ。鉱物を載せているもの、木材を載せているもの、石油タンク車、貨物車と多様だ。数えていて途中で数字がわからなくなり、諦めてしまうほど長かった。

またこのハイウェイには新しいレストエリアと、それに併設してエリア内に、水道完備の一〇個ほどがユニットになった新しい便所があった。こういったレストエリアはたいがい町や村の近くにあった。ある便所から出てきたとき、ちょうど車から降りたおばさんが便所に向かってくるのと鉢合わせになった。少々気まずい思いだった。するとおばさんは私の気持ちを察したように

「グッモーニン」

と言って笑いかけてきた。私も
「グッモーニン」

と笑い返した。

しばらく東に走っていると、後ろから車が追い越しをかけてきた。小さなクーペだった。ミラーごしに見ると助手席にいたのは、件のおばさんだった。彼女の娘さんがハンドルを握っているらしい。そっとクーペについてみると、時速一一〇kmと少しだった。これは渡りに舟だと思った。それまで私は「暑いなあ」と思いながら、時速一〇〇kmで走っていて疲れた気分でいたからである。クーペの後ろに付いて一一〇km超のスピードをキープして、一気にヒューエンデン《HUGHENDEN》の町までくることができた。

ここヒューエンデンからチャーターズタワーズまでの一五六kmは、森の中の険しい登り坂と後半、下り坂が続く峠道だった。長く長く続く登り坂でロードトレインを二回、追い越さねばならなかった。緊張の連続だった。

チャーターズタワーズには、その名の通り、古い建物や塔がたくさんあった。また、モーテルへの道を探していて、パブが多いことに気づいた。道を聞こうと立ち寄ると、午後三時半だというのに、パブの中の客はいい気分になっている人が多かった。羨ましいかぎりである。

ゴールデンチェーンの安いモーテルを探すが、なかなかその場所がわからなかった。通りかかった大きな公園の側にモーテルがあり、辺りが静かな環境だったのでそこに決める。八〇ドルだった。

夕方そのとてもひろい公園を散歩した。週末ともあってかなり多くの人がスポーツをしていたが、園内は広大であるため混雑している雰囲気はなく、あちらこちらでみな伸び伸びと身体を動かしていた。小さな子ども連れの家族でフリスビー、小中学生ぐらいのラグビーが何組か、そしてクリケット（何度テレビで見ても私にはこのスポーツのルールが理解できない）。

ラグビーには私たちが日本で見るものと、この国特有のオーストラリアフットボールというものがある。オーストラリアフットボールでは味方にパスする時、握り拳でボールを打つ。トライはなくキックでインゴールするのだが、私にはこれもルールがわかりにくかった。

もう一つ、オーストラリア、ニュージーランドにはネットボールがある。この公園でも盛んに行われていた。バスケットボールのようで……はっきり言うと、バスケットの後ろの板がない。バスケットの下には敵のキーパーがいる。得点されたチームはエンドラインからボールを投げ入れるのではなく、センターサークルから必ずパスをはじめる。ドリブルはないのでパスやインターセプトに迫力がある。動きを見ているとボール奪取のシーンなど、バスケットボールよりはるかに激しい運動量を要求されるハードなスポーツだ。

主にこの二つの国では、女子のプロチームがたくさんあり、ネットボールは週末、フットボールと同様、どこかのチャンネルで必ず放映されている（スポンサーはオーストラリアではANZバンク、ニュージーランドではナショナルバンクと銀行が強い）。

チャーターズタワーズの時計塔

旅人を
温かく迎えてくれた
B&B

LAKE MACQUARIE

BLUE MOUNTAINS

六月二八日（土）

チャーターズタワーズのこのモーテルはパークモーテルといい、公園の横の緑深い所にある。今朝は、鳥の鳴き声で目覚めた。すずめに混じって姿は見えないが様々な種類の野鳥の声が、心地よかった。

珍事は昨日夕方に起こった。隣の部屋の壁を壊すブルドーザーのような大きな音が、突然鳴り響いた。私の部屋は二階だった。思わずドアを開けて廊下に飛び出した。すると、目の前にあったのは、何と大型バスの屋根だった。——この小さなモーテルにバスが……。さらに驚いたことには、しばらくするとバスのドライバーは一階の一室で何事もなかったようにテレビを見ているのが、開け放たれたドアから見てとれた。

バスは後ろ向きに出て行った

そして今朝の七時四〇分、爆音を響かせるようなエンジン音がした。七時五五分、一人の女性に誘導されながら、狭い中庭を器用に後進して、バスはモーテルのエントランスから出ていった。宿泊していた人々はその様子を唖然としながら見送ったのであった。

午前中、東進すること一三〇㎞。タウンズビルの街についた。グレートバリアリーフに近いが、ケアンズのような観光リゾートの街ではない。港近くには、コンテナなどが数多く積み上げられていて、内陸の鉱山の物流の中継地として発展してきたようである。港の方まで出て道を聞き、南下するハイウェイにのった。街を走っているとき空はどんよりと曇り、雨がポツリ、ポツリと降っていたが、南に行くにしたがって晴れ上がっていき、やがて太陽を背に受けるようになった（南半球では東から昇った太陽は北の空を進み西に沈むのだ）。

その後、少しのつもりがタウンズビルから三〇〇㎞以上走った。やがて、バイパスがいくつにも分岐しているマッカイ《MACKAY》という大きな街についた。ここもタウンズビル同様の港町であり、ハイウェイがスパゲッティ状に伸びている。明日の出発のとき分かりやすいよう道を調べ、マッカイの街の南に位置するモーテルにチェックインした。

スーパーマーケットで買い物をした後、マッカイ港へ行った。そこでグレートバリアリーフの島々へ行くための船の桟橋を見つけた。七年前、ケアンズから訪れたこの大珊瑚礁帯を、もう一度訪れたいと衝動にかられた。今回はオーストラリアの内陸部を訪れることが主目的だったので、――安全にシドニーに帰って車を返すこと――それが第一だ。グレートバリアリーフにはまた、訪れる機会もあるだろう。

六月二九日（日）

期限内の七月五日にシドニーの空港でレンタカーを返すために、今日は距離をかせがなければならない。

マッカイ出発の時、青くきれいに晴れ渡っていた空が、二〇～三〇分もすると怪しくなってきた。辺りが急に暗くなると、雨が山の麓からこちらのハイウェイにやってきた。

――何日ぶりだろう。

雨はポートオーガスタ以来である。熱帯性雨林の気候らしく、車内は湿り気を含んだ雨特有の匂いがした。

五～一〇分もすると雨は急にやみ、きれいに晴れ上がった。車は大きな森をいくつも通り過ぎて南に向かっていった。そういえば、タウンズビルからこのＡ１ブルースハイウェイ《BRUCE HWY》に入って以来、ロードトレインに悩まされることもなくなった。大きくてもせいぜい日本の、トレーラーを牽引したトラック位の長さだ。

また、このＡ１ではカンガルーの骸を見ることもなくなった。代わりに森の中で、

『コアラ　ネクスト五㎞』

の標識を初めて見た。

四五〇㎞走って大きな街、グラッドストン《GLADSTONE》に到着した。昼の二時頃だった。街中でも探したが、一番初めに見た峠の下り道沿いにあるモーテルが一番ゆったりとした構えだったため、そこまで戻ってチェックインをした。部屋に荷物を入れ、中庭の芝生に面した廊下に出て椅子に座ってぼんやりしていると、瓶ビール片手に一人のオージーが話しかけてきた。こんなところが、この国の人のフランクでよいところだ。

「どこから来た」

「今日はマッカイから。でも日本からさ」

「休暇かい?」

「半分休暇。半分仕事。フリーランスのライターだ。オーストラリアの旅を来月初めに終えて、それからニュージーランドへ行く」

「それはいい。どこに書いているの。新聞? 雑誌?」

「いや、旅行記を本にまとめようと思って。ところでブリスベンまではどれくらい?」

「そうだな。朝七時頃出発したら、夕方着くかな」

このグレグという紳士はトラックドライバーだった。かなりのオーストラリア訛りでしゃべるので戸惑うが、聞き返すと、この国の人はみんなやさしく言い直してくれる。


〝エイティ〟は〝アイティ〟

テレビ局のABCは、〝アイビイシイ〟

ATMは〝アイティエム〟

TODAYは〝ツゥダイ〟


とこの国の人は発音する。USAを〝ユウエスアイ〟と発音する人もいた。また、オージーやニュージーランドの人の発音で特徴的なものは、〝バイセカリイ〟（ベイシッカリーのこと）と発音することであった。

「テイク《Take》　ケア《care》、ハブ《Have》　ア《a》　ナイス《nice》　トリップ《trip》」

グレグはこう言って、自分の部屋の方に帰っていった。

中庭の芝生で『ままごと』をしている姉妹がいた。小学生くらいの姉が三〜四歳の妹を遊ばせているように見えた。「まるでピクニックのようだね」と私が声をかけると、お姉ちゃんはニコッと笑った。どうやらスクールホリデイで家族一緒に旅行中のようだ。とっても楽しそうだ。

column

【オーストラリアの学校制度】

タズマニアの章でもスクールホリディのことを書いたが、オーストラリアやニュージーランドの学校は四学期制をとっている。一〇週間の学業、二週間のスクールホリディを一年間に四回繰り返す（そう、こちらでは〝スクールホリダイ〟だ）。

【オーストラリアの四学期制】

学期
① 10週×4＝40週間

スクールホリディ
② 2週×4＝8週間

① 40週+② 8週=③ 48週間

＊1年間は52週間だから
52週－③ 48週＝4週間

この4週間がクリスマス前後の『夏休み』にあたる。
その後進級し、新学年に。
したがって学年の始まりは２月頃。

日本の学校はご存じのとおり、四月に始まる三学期制である。私も小中高の生徒としてまた教員として学校に勤務していた期間は、三学期制に疑問をいだくことなど全くなかった。

しかし、昨年ニュージーランド、そして今、この国を旅していると、四学期制の教育システムも〝あり〟かなと思える。なぜなら一〇週間通学すると二週間の休みがあるというのは生活にリズムができて、勉強に集中できるように思うのだ。適度の休暇が学習意欲の増進につながる。子どもたちにとってメリハリの効いた生活になるのではないか。

もちろん継続性、持続性を養う日本の三学期制の良さも認めた上で思うのだが。

ただ、年間に四回も二週間の休みがあるのは〝長い〟という親の声を聞くのも事実だ。

夕方、ハイウェイの坂道の途中に位置するこのモーテルから、黄色から赤に輝きを変えていく素晴らしい夕日を眺めることができた。

タウンズビルからおよそ七七〇km走ってきた。――何とか七月五日にレンタカーを返却できそうだ。

column

【ハイウェイで見た注意を喚起する道路標識】

ARRIVAL ALIVE

生きてこその到着が、すべてに優先する。

SURVIVE THIS DRIVE

艱難辛苦《かんなんしんく》の道のりを越えよ。

STOP REVIVE SURVIVE

止まれ。困難を乗り越えて、蘇《よみがえ》れ。

東海岸のA1ハイウェイでよく見た標識だ。いずれも語呂合わせのようだが、目に飛び込んできたらなかなか脳裏を離れない、いいフレーズだ。

六月三〇日（月）

このモーテルは、グラッドストンの街に下りる坂道、Ａ１ハイウェイ沿いにある。いつかメルボルンから西に行き、キャンパーダウンに泊まった時もプリンセスハイウェイ沿いだった。その時は、夜中の車の騒音がうるさく寝苦しかった。ここは午前四時から午前五時ごろまでは大型トラックの走行は少なく、そのため午前五時半ごろまでぐっすり眠ることができた。

グラッドストンから南へ、森の中を走っていると木漏れ日がキラキラ輝いて美しい。雨が降った後なのだろうか。朝日に瑞々《みずみず》しい空気が満ちる。今まで砂漠やブッシュに囲まれた道を走ってきたからだろうか。何ともいえない新鮮さを感じる。

車の横腹のボディや窓のところどころにも、黄というより赤に近い色の土がこびりついている。どこかでその土を落としたいと思うし、何千㎞も走行してきた証として残しておきたいという思いもある。

グラッドストンを出発してから二時間過ぎた。ハイウェイは驚くほど急勾配になり車は山道をどんどん下る。道路の行き先を見るとあまりに下の方なので恐いくらいである。クーバーピディ、アリススプリングス、テナントクリークと北上するごとに登ってきたぶん、南下する時は急激に下っていくのだろうか。

メアリーバラ《MARY BOROUGH》という大きな町に出たが、モーテルはどこも満室。これもブリスベン《BRISBANE》に近いからだろうかと思う。仕方なく他の町を目ざしたが、よく考えて見ると走れば走るほどブリスベンに近づいているではないか。これでは今夜泊まる所はあるのだろうか。

ギンピー《GYMPIE》という小さな町の外れのビジターインフォメーションセンターで近くの町に宿があるか、聞いてみた。するとブリスベンに近くなるほどにアコモデーションは混み合うという。私が途方に暮れていると、

「この町でもＢ＆Ｂならある」

という。

Ｂ＆Ｂ（ベットアンドブレックファースト）には、まだ宿泊したことがなかった。

――まあこれも経験だ

そう思うと予約した。もらった地図をたどって〝COOLOOLA COUNTRY〟というＢ＆

Bに行くと、とても静かでよかった。客は私一人のようだ。女性が静かに部屋に案内してくれた。

七月一日（火）

朝、起きて驚いた。部屋は深い、深い霧の中に沈んでいた。視界は二〇ｍ離れると建物が見えなくなる。この大陸には、砂漠があり、抜けるような青空があり、こんな霧深い場所がある。それだけこの大陸は広い。写真を撮っていたら庭で男の人と出会い、挨拶を交わす。

午前八時、朝食をとるためダイニングルームに行った。六脚の椅子が用意されたテーブルの上に、食事が私の分だけ置いてある。

――大勢泊まっていればよかったのに……

ギンピーのB＆B室内

昨日の女の人が入ってきて、さっき挨拶をした男を呼んだ。この二人は夫婦で夫はブライアン《Brian》、妻はダイ《Di》という。

自己紹介の後、ダイとブライアンは、入れ替わり立ち替わりコーヒーやジュース、果物などを運んでくれた。客が私一人だけに何だか申し訳ない。ダイに、私の名前は『サンガ』とだけ伝えてあったので、

「ファーストネームなの？」

と、聞かれる。

「いや、これは、ラストネームでファーストネームは『シュウジ』だ」

と答えると、

「そう。『シュウジ』？」

と言って、

「これからは『シュウジ』と呼ぶわ」

とダイは言った。

しばらくすると、ダイがあたたかいシリアルを運んできて、

「これは、ポリッジ《Porridge》といって私たちがよく朝食に食べるものよ。食べる？　もしお気に召さ

なければ言ってね」

と言った。私はありがたくいただくことにした。次にブライアンが入ってきた。何でも日本の高校生がこのギンピーの町に毎年ホームステイにきて、引率の女の先生がこのB&Bに宿泊するという。東京の近くの高校というのでどこかと聞いたら、わざわざその時の書類を持ってきてくれた。

〝チバキタハイスクール〟――なるほど。

「これは、東京の東隣ですよ」

と私。書類のロゴは、〝キンキニッポンツーリスト〟だった。

続いて、ダイが百科事典を持ってきて、日本全図の地図のページを探し出し、

「あなたはどこから?」

と聞くので、私は地図を指し示し、

「オオサカ」

と答えた。

「たしかナンバー2の都会ね。人口は?」

「ナインミリオン(九〇〇万)」

と答えると、ダイはびっくりした様子だった。

「シドニーだって四三〇万人いるでしょう？」

と私が聞くと、

「日本はとても小さな国なのに、そんなに人口が多い都市がいくつもあるのは信じられない」

という。――それから季節の話題になり、

「グローバルウォーミング（地球温暖化）の影響は世界中どこも同じだね」

という結論になった。それを聞いていたのか、ブライアンがまた現れて、このB&Bのパンフレットの写真を示し、この家の建て方は「クイーンズランドスタイル」という独特のもので、オーストラリアの他の州の家とは全然違うと言う。どこが違うのか？　と聞くと、地面と床の間が空いていることだ、と言う。クイーンズランド州の夏は暑い。そのため床下を空気が行き来できるようにして、少しでも涼しくなる工夫をしているのだそうだ。つまり、日本の歴史で誰もが学んだあの『高床式倉庫』と同じ発想である。――日本の場合は湿気を防ぐ工夫だが――人間の知恵というものは、時代や場所、民族を異にしても、同じようなものを創り出すのかもしれない。

食事が終わってこの家をENGカメラや写真で撮影したいと申し出ると、快く承諾してく

B&B外観

れ、ブライアンは三脚を担いでくれた。

最後にこの素晴らしい家を背景に私の写真を撮ってもらい、お礼に夫婦の写真も撮り、日本に帰ってからそれを送ることを申し出ると、とても喜んでくれた。何でもこの家は、一八六三年に建てられたそうだ。日本の江戸時代末期ではないか。当時、この町では金鉱掘りがさかんで（ゴールドラッシュ）、財を成した人々が競ってこのような豪邸を建てたそうだ。


高床式の玄関の階段に腰掛け、ダイは言う。

「グレイスフル《graceful》？　違うわねえ」

今までこのB&Bを訪れた日本人客の気質を形容して彼女は言っているのだ。

「カインド《kind》？　チィアフル《cheerful》？　違いますか」

と私。

「違うわねえ。何と言ったらいいか、よく分からないけれど……。あの優しさ……」

どうやらここに宿泊した日本人は、古き良き日本人の慎ましやかさや、美徳を持っていたようだ。昨日と今日、ブライアンとダイの前での自分の行いを振り返り自問した。「彼女が称賛する日本人らしさを自分は持っているのか」と。

ギンピーの町を出て、二〇分程走ると霧はすっかり晴れた（前にもキャンパーダウンで同じことがあったっけ）。

ブリスベンまであと一〇〇㎞でハイウェイは片側一車線から二車線に、あと五〇㎞辺りでは片側二車線から三車線になったが、車はどんどんつまってくる。やはり大都会だ。やがて道路はゴールドコースト方面へのバイパスとなり、そのせいでブリスベンの街を一度も見ることもなく南へ抜けてしまった（道の両脇の防音壁で全く見えなかった）バイパス走行途中で、六月五日シドニーを出発して以来、一万㎞を超えた。

——こんな小さなカローラで、よく走ってきたものだ。

ゴールドコーストへむかうハイウェイで、ピンクに近い赤色のオープンカーを飛ばす、オージーの兄さんを発見した。まさにリゾート地の雰囲気にぴったりの車だ。私はしばらくその兄さんの車の後ろをつけて、リゾート気分で走った。

べつに宿泊するつもりはなかったが、ゴールドコーストをそのまま素通りするのも悔しいと思い、ハイウェイを下りた。道はそのまま海岸の方へつながっていった。

たくさんのビルディング群（多くはホテルやコンドミニアム）が屹立した、巨大なリゾート地だ。

――こういう所にくるにはたくさんのお金を稼いでゆったりとした休暇をとって、ホテル暮らしを楽しめるくらいにならないとな。

そう思いながら海岸から戻る道沿いにモーテルがあり、一泊六五ドルの表示を見た時には何か安心するものがあった。

このゴールドコーストからシドニーの『ツアーランド』に電話した。シドニー・オークランド間の航空券は三二〇ドルくらいらしい。高いと思ったが、タズマニア島へのフェリーも三六〇ドルくらいしたので妥当な線か――だが、搭乗日もはっきり決まっていないので、シドニーに帰ったら直接『ツアーランド』に行くことにした。

ゴールドコーストからしばらく南へ走ると、今まであったような州境の看板はなく自然にニューサウスウェールズ州へ入っていた。ハイウェイはバリーナ《BALLINA》までは片側二車線の広く、新しく整備されては快適なハイウェイだった。ところが、バリーナからは、山あり、谷ありの一車線の急勾配。家の庭先を通るようなこともあった。

このハイウェイはブリスベンから南下するに従い、旧来のレーンと新しくつくられた広いまっすぐなレーンとが混在していた。この東海岸の大都市を高速で結ぶため、新ハイウェイは公共事業として急ピッチで進められているのだろう。しかし如何《いかん》せん広い大陸である。新旧のハイウェイは継《つ》ぎ接《は》ぎにならざるを得ない。同じ道路工事現場でも完成間近の所、そのとなりはまだ土をならしはじめた所と様々だ。ゆっくり、ゆっくりと新ハイウェイは繋がっていくのだろう。まだ、国の建設途上という感じだ。

ギンピーから四五〇㎞。B&Bでゆっくり話しこんだり、ゴールドコーストで道草を食ったりしたので、グラフトン《GRAFTON》の町に着いたのは、ちょうど日没の午後五時過ぎだった。

七月二日（水）

グラフトンを午前八時に出発して三五〇㎞は走行しただろうか。ハイウェイといってもジェットコースター（ローラーコースター）のようなアップダウンの続く道。いつか我が道の行き先が真下に見えた。そこには、オーバーテイキングレーン（追い越し車線）をつかって走行している車と、一般車線を走行している車が並走している様子が、まるでミニチュアカーがゆっくり動いているごとく見え、その小ささに思わず感動を覚えた。

――あんなに遠くへ、あんなに下まで行くのか。

日本ではまず、こんなハイウェイにお目にかかることはない。それほど高低差がある。ただ、途中道路工事中の区間がたくさんあり、信号待ちが一〇分以上というところがあったのが残念だった。

今日、一番やっかいで、印象に残ったのは〝風〟である。雲一つない青空の午後、空気は熱せられて上昇する。山間部の広いハイウェイでは山風、谷風が強くなる。「高い樹木の枝や葉が激しく揺れているな」と思った瞬間、ハンドルを持っていかれた。風によって急に車が浮いて、隣のレーンに飛んでいってしまいそう。もしそこに後続車が走っていたらと思うとぞっとする。やはりこの車が軽いためだろうか。時速は一〇五㎞くらいであったろうか。一〇〇㎞に落としてもまだ持って行かれる。仕方なく九五㎞くらいに落として走ったが、嵐の中の小舟のようで心もとなかった。地元の車は慣れているらしくどんどん私の車を追い抜いていった。私はこわごわ、ゆっくりと車を走らせざるを得なかった。

その後、風も止んで快適な広いハイウェイを走っているうちに出口を通りすぎ、今夜泊まろうと思っていたスワンシー《SWANSEA》には、一般道を三〇㎞ほど北に戻る破目になった。しかしその道程では、海と繋がっている湖のとても美しい風景を眺めることができた。明日、あらためてENGカメラで、あるいは写真で撮影したいと思った。

スワンシーといっても日本の人にはあまりなじみがないと思うが、シドニーの北、一〇〇㎞ほどにあるマックオーリー湖《LAKE MACQUARIE》ほとりの静かな町である。

七月三日（木）

スワンシーモーテルのバス・トイレユニットの壁には、聖書の抜粋が張ってあった。戒めと人の生きるべき道を説《と》く文章が何であったかは忘れてしまったが、いやでも目に入り、張られた効果を十分に発揮しているようだ。

マックオーリー湖の岸辺には、白鳥がゆったりと泳ぎ、オージーが漕ぐカヤックのボートが行き交っていた。


シドニーに向かった。しばらく行くとゴスフォード《GOSFORD》という大きな街に出た。ゴールドコーストと同様、ホテル群が林立したシドニー近郊の海辺のリゾート地である。日本と違い、大都会からほんの目と鼻の先にあるのがいい。

ゴスフォードから新しいハイウェイを走りぬけること四〇分ほどでシドニー北郊のホーンスビー《HORNSBY》に着いた。今日は、旅の初めに行くことを断念したブルーマウンテンズ《BLUE MOUNTAINS》を目ざしていた。ところが、地図をみながらいくら行きつ戻りつしてもブルーマウンテンズ、その手前のブラックタウン《BLACK TOWN》への道

マックオーリー湖の水鳥

に出ない。小一時間ほどは迷っていたと思う——ふと見ると消防署の前の道にいた。ちょうど訓練が終わった後なのか、七、八人の消防士がいた。私は地図を示し、ブラックタウンへの道を聞くと、ボスのような人が出てきて「庁舎の中へ来い」と言う。言われるままに入ると一室に通されそこには大きな地図があり、丁寧にブラックタウンへの道を教えてもらった。礼を言って車に戻り出発しようとすると、若い消防士が「気をつけろ」と言う。気づかなかったが、私の運転が乱暴だったのか、車の前輪が歩道に乗り上げて停車していたのだ。彼は車の底をこすらないように親切に忠告してくれたのだった。彼に重ねがさね礼を言って出発する。ブラックタウンはすぐにわかった。当然ながら、消防士は道に詳しいと思った。

ブラックタウンからグレートウエスタンハイウェイ《GREAT WESTERN HWY》を西に向かった。真っ直ぐ西に走った後、ペンリス《PENRITH》から山間に入った。途中ロウソン《LAWSON》からはかなり急な坂を登る。約一時間ほどで山間の村、ブラックヒース《BLACKHEATH》に到着した。車を降りた時は、午後四時ごろだったがかなり寒かった。

モーターインのオフィスで聞くと、夜になると2℃まで気温が下がるという。ストーブも電気毛布もあるので大丈夫というが旅行を始めた当初以来、久しぶりの寒さに身の引き締まる思いだった。部屋は山小屋風の落ちついた雰囲気だ。

七月四日（金）

ブラックヒースの朝は山の中の寒さで目がさめた。

モーテルを出発して三㎞ほどの所にあるゴベッツリープ《GOVETT'S LEEP》に展望ポイントがあり、ブルーマウンテンズをほぼ三六〇度眺望できた。うっすらと朝靄《あさもや》に覆われた中に、テーブル状の断崖絶壁が延々と続く。遠方はその名の通り山々が青く見える。かつては海底だったそうで、強大な地殻変動の末、現在のような絶景になったと聞く。雲の間からの陽光が山や谷を照らしとても美しい風景だった。デジタルカメ

ブルーマウンテンズの切り立った断崖

ラとENGカメラを使い夢中で撮影した。寒さはこたえたが、来た甲斐は充分にあると思った。

シドニーへの帰り、山道を下って行くと、ロウソンの町への入口の看板にも標高七五〇mとあったほど。ブルーマウンテンズ一帯がかなり高地で寒かったのも肯ける。

ホーンズビイ近くまで二時間弱を要した。モーテルにチェックインした後、航空券を予約しようと、シティレイルで市中タウンホールにある『ツアーランド』に行った。ニュージーランドのオークランドまで片道三二〇ドル。ただし朝早い午前七時の便だ。六日・日曜日、朝七時のカンタス便を利用することにした。

シドニーの街はまだ、どこも観光したことがない。そう言うとスタッフがここから北へ三〇分あるくとオペラハウスがあるという。行ってみるとあの写真で見たことのあるオペラハウスそのものだ。ただ私はウォーターフロント辺りの観光客の多さの方に圧倒された。

帰り、夕方のシティレイルに乗っていると、かなり泥酔したおじさんが乗り込んできて友人と二人で私の横に座った。アルコールの匂いがツンと来た。途中の駅で友人は降りた。その後駅に近づくたびに彼はふらつく足でドアの近くまでいって、そこに立っている若い女の人に駅の名を確認していた。その女の人は嫌がるそぶりも見せず彼の質問に答え、彼の降りたい駅が近づくと、「ここですよ」と大声で言った。彼はふらつく足で、手摺りにつかまりながら降りていった。

七月五日（土）

いよいよシドニーの北の街、ホーンズビイから南のインターナショナルエアポートまで最後のドライブ。ちょうど一カ月前に訪れたオリンピック公園を通り、ロックデールのショッピングセンターを通った。その後午前一一時、インターナショナルエアポート近くのホテルにチェックインすると、部屋が使えるのが午後一時からだという。仕方がなく近くの公園の周回道路に車を停め、一時間ベンチで休んだ。その時この一カ月間の旅を締めくくるハプニングの一つ目が起こった——車に戻ると何とフロントガラスに駐車違反キップ。よく見ると、私の車は駐車ゾーンからちょうど車一台分外れていた。何という不注意。これまでスピード違反にも引っかからず、パトロールカーにも止められたことのない一カ月だったというのに……。八一ドル。キップには郵便局で支払うか、裁判かのどちらかを選ぶように記載されている。明日はこの国を旅立つ身。まあ、少し痛い余計な出費ではあるが、いい経験をしたと、いいように思うしかない。済んでしまったことは仕方がない。「明日は明日の風が吹く」。

その日の午後、空港のハーツに一カ月間世話になったレンタカーを返しに行った。メーター は二万六六二二km。

総走行距離一万一三四〇km

——よく走ったものだ。

オーストラリア大陸、東半分の旅だった。

その後、空港内の郵便局で八一ドルを支払った。ハプニングの二つ目は次の最終日、六日に起こった……。

さようなら、
そしていつの日かまた

ありがとう

また、いつの日か

七月六日（日）

前日テレビを見た後、私はなかなか寝つけなかった。長旅の疲れはあったのだが、次の日早朝の便であり寝すごすことが不安だった。またカメラや三脚など重い荷物もあり、できるだけ早く身支度をする必要があった。シドニー午前七時発の便にのるためには、午前五時にホテルを出るシャトルバスに乗らなければならない。その予約はしてあった。午前二時ごろになっても眠れなかった私は、このまま起きていようと思った。

午前三時、シャワーを浴びる。

午前三時三〇分、簡単な朝食。その後、荷造り。

午前四時四〇分、二階の部屋から大きなリュックと三脚、カメラのアクセサリー入りバックそしてENGカメラをホテルの玄関前におろす。一カ月の過酷な旅に疲れ切ったからだ。重さがこたえた。

午前五時、〝インターナショナルターミナル〟へバスが出発。

午前五時一〇分、バスが空港に到着。荷物をおろし、それを載せるトロリー置き場を見つける。――ところが、使用料である四ドルを入れてもトロリーが引き出せない。バスに同乗していた女性に聞いても「わからない」という。その女性は別のブースのトロリー置き場へ行って引き出している。私もそれにならってそこでコインを入れると引き出すことができた。――彼女と顔を見合わせてお互いにっこりと笑った。

午前五時二〇分、カンタスのカウンターでチェックイン。その後は、税関を通過し、早めに搭乗ゲートに行った。機内持ち込みの持ち物は小さいリュックとウェストポーチ、ENGカメラが一台。

午前六時半すぎ、搭乗が始まった。多くの人が入ったのを見て私はゆっくりENGカメラを左手に持って搭乗ゲートから飛行機に向かって歩いていった。次の瞬間！　絨毯が敷かれたところで突然転倒した！　私は何が起こったのかわからず、しばらくは朦朧としていた。

意識がはっきりしてくると唇を切り、前歯一本に鈍い痛みがあった。加えて左手の甲、頭も少し切っているようだった。

周りに人が集まってきた。持っていたカメラを見るとビューファインダーと、それに接続するマイクフォルダー、マイクがカメラから外れて転がっていた。ビューファインダーを取り付けるカメラ側の鋼鉄製のアタッチメントも少し欠けていた。とりあえず、修復してみると何とかアタッチメントにファインダー、マイクとも収まった。

ふと気づくと大学生らしい二人連れの女性が私の唇と頭の傷口をティッシュペーパーで押さえてくれていた。周りの人に抱えられて飛行機に乗り込んだ。機内ではキャビンアテンダントの男性がガーゼと、救急絆創膏《ばんそうこう》を持ってきてくれた。それを左手の甲にはめるのに苦労した。医師だという若い男性が来て、

「頭を打ったようだが、これは見えるか？」

と指を三本突き立てた。

「三本……」

と答えると、

「手を握ってみろ」

と手を差し出す。握り返すと、

「大丈夫のようだけれど、気分が悪くなったらすぐに言ってくれ。私はあそこの席に座っている。オークランドまでは一緒だから」

と親切に言ってくれた。私の心の中では、何だか映画の中の世界にいるような思いと、注目を集め少し恥ずかしいという思いが交錯していた。

一番悔しかったのは、ＥＮＧカメラが故障してしまったらしいことだった――ただ、親切にしてくれた周りの人の手前、残念がる様子は表には出せなかった（実際にニュージーランドに渡ってからカメラを起動しようとしてみたが、動かなかった）。結局、ＥＮＧカメラは日本に帰ってから修理してもらうことにした。

その後この転倒の原因を考えてみた。オーストラリアでのスケジュールがかなりタイトで――実際、運転をしなかった日は一カ月のうちたった二日間で――かなり疲れが溜まっていたからだろうか……。シドニーに帰りついて、今まで張りつめていた緊張が弛《ゆる》んだためであろうか……。右手、右足に障害があるからだろうか……。結局原因がどれであるかはわからない。その全てであったのかもしれない。

これが二つ目のハプニングであった。

――『駐車違反』と『転倒』――、こんなハプニングがオーストラリアを離れる間際にあるなんて……。

飛行機のシートに座って、しばらくは気が滅入った。だが考えた。――私は確かにこの過酷な旅をやり遂げることができた。――そう思うと、旅の思い出の場面が頭の中に次々と浮かんできて、初めて達成感がわいてきた。

この広いオーストラリア大陸をまわることができたのは、一度決めたことを途中で投げ出したくないという気持ちと、人は「生かされている」存在なのであって、そのことを忘れず、安全に最後まで完走しようという意欲を持ち続けたためだと思っている。

思い立ってから実行に移し、完遂するまでにはいくつもの不安な要素が現れてきた。それを一つひとつ取りのぞいていきながら、何とか完走することができた。また自分にとっては、初めて冒険に等しい旅をやり遂げることができ、自信というものを身につけることができたと思っている。

また何より人の『やさしさ』というものをあらためて知ることができた。オージーたちの『やさしさ』によって支えられて完遂できたのだ。

——次のニュージーランドでは何を使って旅の記録を残そうか。

ENGカメラは故障してしまったが、残されたツールとしてデジタルカメラ、そしてスケッチで風景を切り取って描くという表現方法を使って記録していくことにした。

あのポートオーガスタのジャンクションで、ハンドルを左に切ってパースに向かっていたら……そのときのことは今でも思い出す。

いつの日にか、この旅の続きをアデレイド、あるいは西オーストラリア州から再びはじめたいと思っている。

参考文献

海　美央「アボリジニの教え」ＫＫベストセラーズ（一九九八）

コラム（column）等については追手門大学附属図書館、オーストラリアライブラリーの方に協力していただいた。ここに謝意を表したい。

三箇修司（さんが　しゅうじ）

大阪府生まれ。32年間の教員生活の後、フリーランスに。

アウトバック　オーストラリア

二〇〇九年一二月一〇日　第一刷発行

定価はカバーに表示してあります

著　者　三箇修司《さんがしゅうじ》

発行者　平谷茂政

発行所　東洋出版株式会社

東京都文京区関口1-4-4, 112-0014

電話（営業部）03-5261-1004　（編集部）03 - 5261 - 1063

振替　00110-2-175030

http://www.toyo-shuppan.com/

印　刷　日本ハイコム株式会社

製　本　株式会社三森製本所

 ISBN 978 - 4 - 8096 - 7608 - 6